Voel je goed in je Lijf Kookboek

Dit boek is opgedragen
aan de miljoenen mensen die het
Voel je goed in je Lijf boek gebruiken en
die samen de epidemie van zwaarlijvigheid
in Amerika aan het bestrijden zijn.

Dr. Phil McGraw

Voel je goed in je lijf kookboek

Smakelijke recepten voor de oplossing
van je gewichtsproblemen

Spectrum

Uitgeverij het Spectrum
Postbus 2073
3500 GB Utrecht

Oorspronkelijke titel: The ultimate weight solution cookbook
Uitgegeven door: Free Press, New York
Copyright © 2004 by Philip C. McGraw
Vertaald door: Ria Loohuizen

Eerste druk 2005
Omslagontwerp: Eloy Bruins
Zetwerk: Elgraphic+DTQP bv, Schiedam
Druk: Bercker, Kevelaer

ISBN 90 274 2257 5
NUR 441
www.spectrum.nl

Dankwoord

De kruistocht tegen zwaarlijvigheid in Amerika is al lang een passie van mij. Hoe meer tips ik je kan geven om gewichtsproblemen op te lossen, hoe groter de kans is dat je erin zult slagen. Toen ik besloot dit boek te gaan maken, heb ik een team samengesteld van de allerbeste mensen wier talent en deskundigheid mij konden helpen bij het creëren van allerlei hulpmiddelen om je te begeleiden op de tocht naar gezondheid en welzijn.

Mijn dank aan dr. Maggie Robinson, de meest vooraanstaande voedselconsultant in Amerika. Haar ongeëvenaarde kennis van de voedingswetenschap heeft een waardevolle bijdrage geleverd, niet alleen aan mij, maar ook aan het onovertroffen aantal lezers die hun doel hebben bereikt met behulp van het *Voel je goed in je Lijf* programma.

Mijn dank aan Judy Kern, projectmanager, omdat zij de standvastige hoeder is geweest van onze doelstelling. Door haar inzet om alles in goede banen te leiden is dit boek des te smakelijker geworden.

Mijn dank aan Bruce Weinstein en Mark Scarborough, voor hun toewijding aan de verbetering, de samenstelling en het proeven van mijn lievelingsrecepten.

Mijn waardering gaat ook uit naar Dominick Anfuso voor zijn onvermoeibare inspanning om een kookboek te maken dat even mooi als nuttig is voor de lezer. Schoonheid is een kwestie van smaak, en die heb jij beslist, Dominick!

Aantekening van de vertaler

Omdat sommige specifiek Amerikaanse ingrediënten hier niet of moeilijk verkrijgbaar zijn, was ik genoodzaakt in enkele recepten wat aanpassingen aan te brengen. Deze aanpassingen zijn echter minimaal en bestaan voornamelijk uit het aanbieden van een goed substituut, zoals de ene soort pompoen (acorn squash) vervangen door een andere soort (butternut). Eventuele wijzigingen in de voedingswaarde-analyse van de recepten hierdoor zijn te verwaarlozen.

Er blijven misschien nog enkele ingrediënten over die niet overal even gemakkelijk te vinden zijn. De beste raad die ik kan geven is goed te zoeken in speciaalzaken, dat wil zeggen Chinese, Japanse en Turkse winkels, toko's en vooral ook in goede natuur- of reformwinkels en op de dieetafdeling van de grotere supermarkten. Kun je iets toch niet vinden, kies dan altijd voor een vetvrij en caloriearm substituut.

Ria Loohuizen

Inhoudsopgave

Inleiding

Hoe meer hulpmiddelen ik je kan aanreiken om je gewicht op peil te houden, hoe beter je erin zult slagen een gezond en vitaal leven te leiden. Met dit *Voel je goed in je Lijf Kookboek* heb je een middel in handen om voor altijd je eetgewoontes te verbeteren, een gezonder gewicht te bereiken, je beter te voelen en meer energie te krijgen.

Miljoenen hebben al stappen in die richting ondernomen door *Het Voel je goed in je Lijf* boek aan te schaffen (en de bijbehorende *Voedselgids*). Deze twee boeken stellen je in staat te werken aan een verandering van je levensstijl, zodat je weer de gezonde, fitte persoon wordt die je hoort te zijn en, uiteindelijk, je leven en alles wat je te geven hebt tot het uiterste te benutten.

Sinds de verschijning van *Voel je goed in je Lijf* werd ik geïnspireerd door die mensen die een duurzame wijziging hebben bereikt met betrekking tot hun gewicht en hun gezondheid. De *Zeven Sleutels* hebben een enorm gewichtsverlies teweeggebracht.

Er zijn echter nog meer kanten aan de zaak. Terwijl de cijfers op de weegschaal van deze mensen van week tot week daalden, deden andere belangrijke cijfers dat ook, waaronder het niveau van LDL cholesterol, triglyceride, bloeddruk en bloedsuikerspiegel. Ooit een aanduiding van een verslechterende gezondheid en een vroege duik onder de groene zoden, begonnen deze verlaagde niveaus een nieuwe, krachtig opgeladen gezondheid te weerspiegelen.

Naar gelang mensen de *Zeven Sleutels* begonnen te internaliseren en ze een deel werden van hun diepste persoonlijkheid, begonnen zij aan een nieuw leven, die door geen omstandigheid of teleurstelling meer ongedaan gemaakt kon worden. Het zijn de mensen die zichzelf voor hun eigen bestwil diep in de ogen hebben gekeken. Dat deden zij niet met wilskracht of voornemens, maar met daadkracht, moed en toewijding.

Als jij een van deze succesgevallen bent, dan ben ik blij voor jou en voor je prestatie. Als je dat niet bent – als je nauwelijks je hoofd boven water kunt houden bij het zoveelste dieet – laat je dan vandaag, op dit ogenblik, door de woorden op deze bladzijden wakker schudden. Van mij hoef je niet ook nog maar één uur of één dag langer in je ellende te verdrinken. Vandaag kun je beginnen met het veranderen van je leven. Je hoeft alleen maar je handen uit te steken en de hulpmiddelen, waaronder dit boek, te grijpen en ze toe te passen.

Ik moet bekennen dat ik, met uitzondering van het aansteken van mijn barbecue (voor Texanen is de kunst van het roosteren een toelatingsexamen voor het leven), weinig in de keuken sta. Dus heb ik voor dit *Voel je goed in je Lijf Kookboek* een innovatieve en vakkundige staf van experts op het gebied van de kookkunst en de voedingsleer bijeengebracht om de recepten te ontwikkelen, waarvan vele geïnspireerd zijn op de lievelingsgerechten van mijn familie. Dat geweldige team heeft samengewerkt met mij en Robin, de vrouw met wie ik al achtentwintig jaar getrouwd ben, om de gezondste en lekkerste maaltijden samen te stellen. Met zijn allen hebben we alle recepten uitgeprobeerd om er zeker van te zijn dat ze heerlijk smaakten en een hoge voedingswaarde bezaten, zodat je je gewicht onder controle kunt krijgen en weer gezond en fit wordt.

Als je hebt besloten dit jaar en de toekomstige jaren magerder, lichter en verstandiger te gaan koken, dan ben je op de juiste plek. De recepten, die ontworpen zijn om te gebruiken met de voedselprogramma's in *Voel je goed in je Lijf* (en de *Voedselgids*), worden gemaakt van een breed scala aan voedzame ingrediënten, die je gewicht en je gezondheid in een betere richting zullen sturen. Met deze recepten maak je maaltijden die beter smaken en minder kosten, en vermijd je de overvloed aan geraffineerde koolhydraten, verzadigde vetten, zout en suiker die de ondergang betekenen voor je figuur en je gezondheid.

Daar komt nog bij dat deze recepten zo smaakvol zijn dat ze bestemd zijn om een vast onderdeel te worden van je repertoire van maaltijden. Dat zal goed nieuws zijn voor degenen die de beperkte voedselkeuze van diëten beu zijn geworden en dus weer minder gezond begonnen te eten. Elk recept is ontworpen om je te helpen je gewicht in toom te houden, zonder de dingen waar je dol op bent op te geven.

Je zult hier geen recepten aantreffen waar je uren voor in de keuken moet staan, want in de hectische wereld van tegenwoordig lijkt er steeds minder tijd over te blijven voor het bereiden van eten. Onze recepten vergen een minimale bereidingstijd, zodat je eerder minder dan meer tijd in de keuken hoeft door te brengen.

Ook zitten er geen zuinige dieetgerechten bij die naar behang smaken. Mijn opzet was dat de recepten in dit boek niet alleen voedzaam zouden zijn, maar ook machtig en vullend. Gerechten die je steeds opnieuw met veel plezier wilt maken.

Veel mensen maken een fout waarmee ze hun eigen doel voorbijstreven: zij maken voor zichzelf een dieetmaaltijd klaar en daarnaast voor hun gezin een totaal verschillende maaltijd, meestal veel zwaarder en vetter. Dat is niet alleen lastig en belachelijk, maar ook pathetisch! Om nog maar te zwijgen over de slechte dienst die ze hun gezin daarmee bewijzen. Ik wil wedden dat je in zo'n geval vaak in de verleiding bent gekomen, alleen al door het klaarmaken van allerlei dingen die je eigenlijk niet eens in je keuken zou moeten toelaten, en dat je je 'wat-maakt-het-eigenlijk-uit-gezicht' trok en je samen met de anderen tegoed hebt gedaan. Dan moet je dus weer van voren af aan beginnen, omdat de zoveelste poging om af te slanken is mislukt.

Vanaf nu ga je ophouden met dat soort gedrag, waarmee je jezelf alleen maar torpedeert. Onze recepten zijn bedoeld voor de hele familie, of ze nou moeten afvallen of niet. Je hoeft niet langer een maaltijd voor jezelf en een aparte maaltijd voor je gezin te koken. Deze gerechten zijn bedoeld voor iedereen. Als ze een vast onderdeel worden van je dagelijkse maaltijden zorg je zowel goed voor jezelf als voor je kinderen, je partner en iedereen van wie je houdt.

Zoals ik al zo vaak heb gezegd *hoef* je niet af te vallen of gezonder te worden – je *verdient* het. Met de *Voel je goed in je Lijf* boeken word je op de beste manier in de gelegenheid gesteld af te vallen en je leven beter te maken. Maar laat me nog eens nadrukkelijk herhalen: ik zeg niet dat je het *moet* doen; ik zeg dat je het *verdient*. Je verdient een beter leven en dit is het moment om ernaar te streven. Laat deze boeken een stimulans zijn voor het oplossen van je gewichtsproblemen.

Ik hoop van harte – en Robin hoopt van harte – dat dit kookboek een gewild hulpmiddel zal zijn om gezonde, voedzame en heerlijke maaltijden te bereiden waarvan jij en je gezin vandaag en in de toekomst zullen genieten. Pagina na pagina nodigen wij jullie uit om enkele van onze lievelingsgerechten, en de manier om ze te bereiden, met ons te delen. Vanuit onze keuken – en ons huis – tot die van jullie... smakelijk eten!

Dr. Phil en Robin McGraw

I

We gaan van start

Koken volgens het
Voel je goed in je Lijf *programma*

In de komende maanden kun je veel afvallen, maar je zult wel anders te werk moeten gaan en je anders moeten opstellen, tot en met de manier waarop je kookt. Het is altijd moeilijk om met een gewoonte te breken, en oude kookgewoontes vormen daarbij geen uitzondering. Als je gaat nadenken over enkele van je oude kookgewoontes, zoals frituren, taarten bakken met veel suiker en boter, dan zul je gaan inzien hoe je bezig bent je gewichtsprobleem eindeloos voort te laten duren en je realiseren dat je die gewoontes zult moeten veranderen.

Veranderen kan zo simpel zijn als het vervangen van bepaalde ingrediënten, leren hoe je specerijen en kruiden op een nieuwe manier kunt gebruiken of je kookgewoontes zo aan te passen dat je minder vet of suiker nodig hebt. Terwijl je je steeds meer bewust wordt van de voedingswaarde, zul je ontdekken dat je je lievelingsgerechten kunt blijven koken als je maar kleine, subtiele aanpassingen maakt in de manier waarop je te werk gaat. Waar het op neerkomt is dat je je anders moet gaan gedragen: je moet bereid zijn om nieuwe technieken uit te proberen en de oude en vertrouwde methodes achter je te laten. Dit kookboek zal je daarbij helpen.

Als je eenmaal een compleet nieuwe manier van koken boven aan je prioriteitenlijstje hebt gezet – noem het een nieuw spoor om te volgen – dan wordt deze gezondere manier van koken een deel van je levensstijl. Je zou je zelfs kunnen gaan afvragen waarom je niet veel eerder bent begonnen met deze manier van koken. Zeg tegen jezelf dat je genoeg om je gewicht en je gezondheid geeft om dit aan te gaan – en goed ook!

vitale, hoogwaardige voedingsmiddelen, met hoge inzet en hoog rendement

De recepten in dit kookboek zijn ontworpen voor levensmiddelen met een hoge voedingswaarde, die de honger stillen en een hoge inzet vereisen. Daarmee bedoel ik dat de inzet die ervoor nodig is om dit eten te bereiden, te kauwen en te verteren hoog is, terwijl het gehalte aan calorieën laag is, maar toch gezond.

Je doet er langer over om deze gerechten te eten, dat leidt tot langzaam eten (een positieve gewoonte die belangrijk is voor langdurige gewichtscontrole). Met deze etenswaren onderdruk je een gevoel van honger, wat betekent dat ze je het gevoel geven dat je voldaan bent, iets wat je van een maaltijd mag verwachten. Gezien vanuit het oogpunt van afvallen, steunen deze levensmiddelen een verandering in je gewoontes. Zij moedigen je aan tot betere eetgewoontes, ze zijn zeer bevredigend, ze onderdrukken de lekkere trek en de neiging tot snacken.

Voorbeelden van voedsel die een hoge inzet vereisen en een hoog rendement leveren: vers fruit en verse groenten, granen, magere proteïnes, zuivelproducten en gezonde vetten en oliën. Neem bijvoorbeeld een appel. Het is een grof ding en je moet veel kauwen en malen om hem weg te werken. Maar hij zit boordevol vezels, die verhinderen dat je maag weer snel leeg is.

De meeste etenswaren die een hoge inzet vereisen, leveren ook een hoog rendement, dat wil zeggen dat ze, in verhouding tot het lage aantal calorieën dat ze bevatten, een grote voedingswaarde hebben in de vorm van koolhydraten, eiwitten, vetten, vitamines, mineralen, vezels en andere voedselcomponenten.

Als je zoekt naar meer manieren om dit soort voedsel in je dieet op te nemen, dan zul je je kansen op succes verhogen.

fatale, voedingsarme voedingsmiddelen, met lage inzet en een laag rendement

Als je wilt dat de pondjes eraf vliegen is er voedsel dat je moet inperken of geheel vermijden. Deze voedingsmiddelen vereisen weinig inzet als je ze eet. Om er geen doekjes om te winden: het zijn etenswaren die je snel naar binnen werkt en waar je snel van aankomt – die snel en te gemakkelijk door het lichaam opgenomen worden, en weinig of geen bereiding van jouw kant vereisen. Fastfood, snoep en kant-en-klare maaltijden zijn allemaal voorbeelden van het soort eten dat weinig inzet vereist en weinig rendement levert.

Als je te veel van dat soort dingen eet, loop je het gevaar snel te dik te worden omdat ze leiden tot gedachteloze eetbuien. Wanneer je de innaam van deze voedingsmiddelen beperkt of geheel uitbant, wordt het veel gemakkelijker om je gewicht op peil te houden en hoef je niet zo erg meer te waken over wat je eet en hoe je eet.

De meeste voedingsmiddelen die een lage inzet vereisen, leveren ook een laag rendement, wat betekent dat ze weinig te bieden hebben aan voedingswaarde of vezels, terwijl ze een hoog gehalte aan calorieën bevatten. Bovendien zijn het levensmiddelen die geraffineerd en bewerkt zijn, wat betekent dat ze op een of andere manier zo veranderd zijn dat hun voedingswaarde is aangetast omdat er vezels en andere componenten aan onttrokken zijn. Na het eten ervan kan je lichaam zo uit balans raken dat je je moe en slap voelt.

Een van de meest vernietigende aspecten van deze etenswaren is dat je er honger van krijgt. Ze bevredigen maar heel even en dan heb je weer trek. Dat komt omdat je ze zo snel opeet dat je lichaam de tijd niet heeft om het sein 'vol' te geven. Dus blijf je dooreten tot je allang geen honger meer hebt en je veel te veel calorieën en vet binnen hebt gekregen.

Een driestappenprogramma om je gewichtsproblemen op te lossen

Voor degenen die *Voel je goed in je Lijf* nog niet hebben gelezen, of die er nog mee bezig zijn, zal ik een overzicht geven van het voedingsprogramma dat erin is uitgewerkt, uitgesplitst tot het dagelijkse niveau van wat je moet eten en wanneer. Het is geen modedieet waarbij het plezier van het eten je ontnomen wordt – eten is uiteindelijk een van de oerdriften – verre van dat. Ook komt er geen keihard lijnen aan te pas. Omdat het zoveel vitaal hoogwaardig voedsel bevat dat een hoge inzet vereist en een hoog rendement levert, verschaft dit plan een werkzaam driestappenprogramma om af te vallen en je gewicht op peil te houden dat goed vol te houden is.

Stap 1: een snelle start

Om te beginnen moet je dit programma volgen. Het duurt veertien dagen en streeft caloriecontrole en een vermindering van koolhydraten na. Het helpt je om je lichaam klaar te maken om snel af te vallen, het ontgift het van suiker en geraffineerde koolhydraten en richt de smaak af op gezonder eten. Daar komt bij dat de kilo's die je in slechts twee weken kwijtraakt je het vertrouwen geven om door te gaan met de volgende twee stappen en de rest die. Hier volgt een voorbeeld van een typische dag van het snelle startprogramma*:

Ontbijt
1 portie proteïne (ei, eiwitten, magere kalkoenham of kalkoenbacon)
1 portie koolhydraten/zetmeel (volkoren ontbijtgranen met veel vezels)
1 portie fruit
1 portie mager zuivelproduct (magere melk, sojamelk of naturel (ongezoete) yoghurt)
1 drankje zonder calorieën (koffie of thee)

Lunch
1 portie proteïne (mager vlees, vis, gevogelte of vegetarische proteïne als tahoe, peulvruchten of sojaproducten)
2 soorten groente zonder zetmeel (slagroenten, broccoli, bloemkool, sperziebonen, bladgroenten, vrijwel ongelimiteerde hoeveelheid)
1 portie fruit
1 mager zuivelproduct (magere melk, sojamelk of naturel (ongezoete)yoghurt)
1 drankje zonder calorieën (koffie of thee)

Avondeten
1 portie proteïne (mager vlees, vis, gevogelte of vegetarische proteïne als tahoe, peulvruchten of sojaproducten)
2 soorten groenten zonder zetmeel (slagroenten, broccoli,

---

* Voor mannen: voeg een portie proteïne/zetmeel toe aan de lunch of het avondeten.

bloemkool, sperziebonen, bladgroenten, vrijwel
ongelimiteerde hoeveelheid)
1 portie vet (1 eetlepel van een gezond soort vet als olijfolie,
zonnebloemolie of 2 eetlepels slasaus met een verminderd
vetgehalte, bijvoorbeeld)
1 drankje zonder alcohol (koffie of thee)

Tussendoortjes
Vers fruit, als het niet al gegeten is bij een van de maaltijden
Magere zuivelproducten, als ze niet al gegeten zijn bij een van
de maaltijden
Rauwkost

Stap 2: het vitale, hoogwaardige voedselprogramma

Stap 2 is voor de ontwikkeling van een beter metabolisme, zodat je
lichaam meer calorieën gaat gebruiken voor energie en minder calorieën opslaat als vet. Dat komt doordat het voedsel dat je eet een laag
gehalte heeft aan suiker en geraffineerde koolhydraten, in tegenstelling tot voedsel met een hoog vet- en suikergehalte, dat leidt tot
gewichtstoename als er veel van gegeten wordt. Door de verkeerde
koolhydraten te vermijden, dat wil zeggen industriële producten met
veel suiker, neem je een grote sprong in de richting van het oplossen
van je gewichtsproblemen. Hier volgt een typische dag van Stap 2*:

Ontbijt
1 portie proteïne (ei, eiwitten, magere kalkoenham of
kalkoenbacon)
1 portie koolhydraten/zetmeel (volkoren ontbijtgranen met
veel vezels; volkorenboterham, of broodje)
1 portie fruit (stuk vers fruit, $\frac{1}{2}$ kopje vruchten op water of sap
uit een blikje, 1 kopje ongezoet vruchtensap of een portie
gedroogde zuidvruchten)
1 mager zuivelproduct (magere melk, sojamelk of yoghurt)
1 drankje zonder calorieën (koffie of thee)

---

*Voor mannen: voeg een portie koolhydraten/zetmeel toe aan de lunch of het avondeten.

Lunch

1 portie proteïne (mager vlees, vis, gevogelte of vegetarische
    proteïne als tahoe, peulvruchten of sojaproducten)
2 soorten groenten zonder zetmeel (slagroenten, broccoli,
    blomkool, sperziebonen, bladgroenten, vrijwel
    ongelimiteerde hoeveelheid)
1 portie koolhydraten/zetmeel (bruine rijst of andere
    volkorengranen; volkorenboterham of -cracker; aardappel of
    zoete aardappel; bonen en peulvruchten)
1 portie fruit (stuk vers fruit, $^1/_2$ kopje vruchten op water of
    sap, 1 kopje ongezoet vruchtensap of een portie gedroogde
    zuidvruchten)
1 mager zuivelproduct (magere melk, sojamelk of yoghurt;
    magere kaas)
1 drankje zonder calorieën (koffie, thee)

Avondeten

1 portie proteïne (mager vlees, vis, gevogelte of vegetarische
    proteïn als tahoe, peulvruchten of sojaproducten)
2 of meer groenten zonder zetmeel (slagroenten, broccoli,
    bloemkool, sperziebonen, bladgroenten, vrijwel
    ongelimiteerde hoeveelheid)
1 vetproduct (1 eetlepel gezond vet zoals olijfolie,
    zonnebloemolie of 2 eetlepels slasaus met een laag
    vetgehalte; 1 eetlepel noten of zaden)
1 drankje zonder calorieën

Tussendoortjes

Vers fruit, als het niet al gegeten is bij een van de maaltijden
Magere zuivelproducten, als ze al niet gegeten zijn bij een van
    de maaltijden
Rauwkost

Stap 3: essentiële handhaving

Wanneer je je ideale gewicht hebt bereikt, mag je porties van het eten
dat voornamelijk op de lijst van vitale, hoogwaardige voedingsmiddelen staat. Houd je aan de volgende dagelijks toegestane porties.

- Proteïne en proteïnesubstituten: 3 porties
- Groenten zonder zetmeel: zo veel je wilt (hierbij hoef je jezelf niet te ontzien)
- Koolhydraten/zetmeel: 3 tot 4 porties
- Fruit: 3 tot 4 porties
- Magere zuivelproducten: 2 tot 3 porties
- Gezonde vetten: 1 tot 2 porties

Alle recepten die je op de volgende pagina's zult aantreffen kunnen in elk van deze drie stappen gebruikt worden. Om een voorbeeld te geven, en om aan te geven op hoeveel manieren je variëteit kunt aanbrengen, heb ik aan het eind van dit hoofdstuk een veertiendagenprogramma opgenomen, waarin bijna veertig recepten uit dit boek worden gebruikt, zodat de uitdaging om je gewicht de rest van je leven onder controle te krijgen een stuk gemakkelijker wordt. Het voedselplan bewijst dat je je haast letterlijk een baan kunt eten naar een lichaam dat gezond en in vorm is door een manier van leven die makkelijk in stand te houden is.

Wanneer je op deze manier eet en kookt en alle zeven sleutels volgt, dan kun je verwachten dat je afvalt en gestadig blijft afvallen en gericht bezig bent met het bereiken van je streefgewicht. Het is tevens een uitstekend plan voor het verlagen van risicofactoren voor chronische ziektes, of gewoon een manier om je beter te voelen en meer energie te krijgen. (Op de pagina's 24 en 25 heb ik de *Zeven Sleutels* uit *Voel je goed in je Lijf* weer even opgesomd.)

Het toepassen van de recepten

Verplicht jezelf bij het uitstippelen van je menu dat je de *analyse van de voedingswaarde* aan het begin van elk recept nakijkt. Elke analyse bevat waarden voor calorieën, proteïne, koolhydraten, vet, verzadigd vet, cholesterol, vezels, suiker en natrium – stuk voor stuk waarden die belangrijk zijn bij het duurzaam oplossen van je gewichtsproblemen en voor een goede gezondheid. Hoewel ik geen fan ben van het tellen van calorieën, het calculeren van koolhydraten of vetgehalte of het vermenigvuldigen van percentages voedingswaarde, ben ik wel van mening dat het in de gaten houden ervan een effectieve manier is om bij de les te blijven en naar je doel toe te werken.

Tenzij anders vermeld is elke analyse gebaseerd op een enkele portie. Er staat aan het eind van elke analyse ook een aantekening of de portie telt als proteïne, zetmeelarme groenten, zetmeelrijke koolhydraten, fruit, mager zuivelproduct, vet of een combinatie ervan. Dit is waardevolle informatie die je kunt gebruiken bij het plannen van je maaltijden.

Vaak wordt er in de recepten een geringe hoeveelheid gezond vet, magere zuivelproducten, koolhydraten/zetmeel of ei gebruikt, voornamelijk om smaak of structuur te geven. De hoeveelheid is te verwaarlozen, en je hoeft het niet op te tellen bij je dagelijkse porties vet, zuivel, koolhydraten of proteïne. Daar komt bij dat er een aantal zogenaamde lightproducten gebruikt is om recepten samen te stellen. Dat zijn producten waar weinig of geen calorieën en koolhydraten in zitten per portie en producten die geheel vrij zijn van vet of suiker.

De grootte van de porties van elk recept benaderen de hoeveelheid die je bij een maaltijd mag eten. Met zorg opscheppen maakt een groot verschil bij afvallen, aankomen en je gewicht handhaven en is dus fundamenteel bij het succesvol oplossen van je gewichtsproblemen.

Vanzelfsprekend geldt: hoe groter de portie, hoe meer calorieën erin zitten. Ook is uit onderzoek gebleken dat grote porties stimuleren tot meer eten. Het is een feit dat men opeet wat men voorgezet krijgt. Als er meer te eten op tafel staat, dan eet je meer.

Als je twijfelt over hoeveel je precies mag eten volgt hier een nuttige tabel die precies definieert hoe een gezonde, verstandige portie eruit behoort te zien. Gebruik die informatie om de grootte en het aantal porties vast te stellen voor als je thuis eet of buiten de deur.

Voedsel	Grootte van portie
Vlees, vis, gevogelte	– grootte van je handpalm, je computermuis of een spel kaarten
Groenten	
rauw	– grootte van je vuist
gekookt	– grootte van je hol gehouden hand
Koolhydraten/zetmeel	
ontbijtgranen en gekookte granen	– grootte van je hol gehouden hand
brood	– 1 boterham, of de grootte van een CD-rom
bagel	– $\frac{1}{2}$ bagel
crackers	– aantal crackers genoemd in het recept
peulvruchten en andere groenten met veel zetmeel	– grootte van je hol gehouden hand
Fruit	
rauw	– grootte van een tennisbal
in blik, op water of sap, of ingevroren	– grootte van je hol gehouden hand
bessen (rauw of ingevroren), rauw gesneden fruit	– grootte van je vuist
Zuivelproducten	
melk en yoghurt	– grootte van je vuist
kwark	– grootte van je hol gehouden hand
kaas	– grootte van twee dobbelstenen, of 1 plakje ter grootte van een CD-rom
1 eetlepel vet, olie, slasaus of noten en zaden	– grootte van het bovenste kootje van je duim, een theezakje of een walnoot

Je kunt slagen

Wat voor slechte ervaringen je ook hebt gehad met diëten, je krijgt nu een tweede kans. Je kunt je leven inrichten naar de persoon die je werkelijk bent. Je kunt doen wat bij jou hoort en wat belangrijk voor je is. Je gewicht is zeker iets waarin je verandering wilt aanbrengen.

Om af te vallen is een gewillige geest vereist. Een totale betrokkenheid om iets nieuws te proberen en om jezelf te veranderen. Door dit boek te lezen, de recepten te gebruiken, door je geest open te stellen voor de mogelijkheid tot een betere, gezondere levensstijl, begin je meteen vandaag al een verandering teweeg te brengen.

De zeven sleutels tot een blijvend laag gewicht

Sleutel 1: de juiste gedachten

Zet alle averechts werkende en krachteloze gedachten opzij. Ze weerhouden je van het maken van andere keuzes of het ontwikkelen van nieuwe gewoontes. Wij laten maar al te vaak dergelijke negatieve noties hun gang gaan en handelen ernaar alsof ze waar waren. Je moet je gedachten kritisch bekijken en nagaan of ze overeenkomen met je persoonlijke waarheid. Zo niet, verander dan je denkpatroon.

Sleutel 2: gevoelens verwerken

Zorg dat je niet te veel gaat eten bij heftige emoties of stress; los problemen op in plaats van er steeds bij stil te staan; verander negatieve gedachten omdat die vaak worden gevolgd door negatieve emoties; zorg dat onverwerkte emoties verwerkt worden en leer nieuwe manieren om ermee om te gaan zonder je toevlucht te nemen tot eten.

Sleutel 3: een omgeving zonder verleidingen

Ontwerp je omgeving zodat je alleen maar succes kunt boeken. Dat betekent dat je alle verleidingen om te gaan eten verwijdert en je dagindeling aanpast om de gelegenheid dat je te veel gaat eten te beperken.

Sleutel 4: de baas zijn over je voeding en je eetbuien

Er is maar één reden waarom je de slechte gewoontes in je leven nog niet hebt veranderd. Omdat het je iets oplevert. Ik zeg niet dat het je iets gezonds of iets positiefs oplevert, maar mensen gaan meestal niet door met een situatie, een gewoonte of een handeling die hen niets oplevert. Als je deze sleutel gebruikt, zul je ontdekken wat dit destructieve gedrag je oplevert en zul je het leren beheersen en de slechte gewoontes vervangen door gezonde.

Sleutel 5: fatale en vitale voeding

Om af te vallen moet je voedsel uitkiezen waarmee je controle over je eetgewoonten krijgt. Dat wil zeggen: voedsel dat een grote inzet vereist en een groot rendement oplevert, georganiseerd in een matig, uitgebalanceerd plan met caloriecontrole, zodat je er zeker van kunt zijn dat je afvalt.

Sleutel 6: doelgerichte lichaamsbeweging

Maak lichaamsbeweging op bijna alle dagen van de week een prioriteit: wandelen, joggen, aerobics, yoga, gewichtheffen of andere sporten. Lichaamsbeweging betekent meer dan alleen maar calorieën verbranden; je zelfbeeld verandert, zodat je over jezelf niet meer hoeft te denken: liever lui dan moe.

Sleutel 7: je kring van supporters

Omring jezelf met een groepje gelijkgestemde mensen die je aanmoedigen, die graag willen dat jij afvalt en dat je slaagt in je poging om gezond en fit te worden.

Veertiendagenprogramma voor een snelle start

Dag 1

Ontbijt
1 portie *Kaas-chiligrutten* (p. 65)
1 kopje magere melk
1 roerei (of twee eiwitten)
1 kopje aardbeien (of ander fruit van het seizoen)
Koffie of thee

Tussendoortje
1 kopje magere, ongezoete yoghurt met 1 eetlepel suikervrije abrikozenjam

Lunch
1 portie *Salade van gebakken tonijn* (p. 80)
Verse peer

Tussendoortje
1 portie *Guacamole* (p. 151) met crudités

Avondeten
1 portie *Geroosterde kip met verse kruiden* (p. 105)
1 portie *Asperges met warme vinaigrette* (p. 142)
Courgette, gestoomd of gekookt

Voedingswaardeprofiel: 1.200 calorieën, 110 g proteïne, 133 g koolhydraten, 30 g totaal vet, 5 g verzadigd vet, 380 mg cholesterol, 20 g vezels, 1 g suiker, 2.515 mg natrium

Dag 2

Ontbijt
1 portie *Roerei à la Tex-Mex* (p. 58)
1 *Muffin met zemelen en appelmoes* (p. 68)
$^1/_2$ grapefruit
Koffie of thee

Tussendoortje
Banaansmoothie: 1 ingevroren banaan in de keukenmachine
gemengd met 1 kopje magere melk of sojamelk en zoetstof
(facultatief)

Lunch
1 portie *Gebonden bloemkoolsoep* (p. 74)
Kipsalade gemaakt van restjes van de geroosterde kip van dag 1:
1 portie geroosterde kip op een royaal bed van gemengde
bladgroenten en gehakte slagroenten als komkommer, tomaat, ui.
Voeg 1 eetlepel olijfolie en balsamico-azijn naar smaak toe.

Tussendoortje
1 kopje magere ongezoete yoghurt

Avondeten
1 portie *Zalm met dijonmosterd uit de oven* (p. 116)
Broccoli, gestoomd of gekookt
Worteltjes, gekookt

Voedingswaardeprofiel: 1.244 calorieën, 91 g proteïne, 113 g koolhydraten, 51 g totaal vet, 9 g verzadigd vet, 383 mg cholesterol, 17 g
vezels, 1 g suiker, 1.435 mg natrium

Dag 3

Ontbijt
2 plakjes vetvrije ham
1 portie *Vetvrije muesli* (p. 62) met 1 kopje magere, ongezoete yoghurt
1 sinaasappel
Koffie of thee

Tussendoortje
1 appel, in plakjes gesneden en in *Fruitdip* gedoopt (p. 152)

Lunch
1 portie *Drie-bonen-chili* (p. 121)
Gemengde sla met een assortiment slagroenten, 2 eetlepels caesar
slasaus met een laag vetgehalte

Tussendoortje
$^1/_2$ kopje magere kwark met kleine worteltjes en andere gesneden
rauwe groenten

Avondeten
1 portie *Haasbiefstuk met kruiden* (p. 90)
Doperwtjes, gekookt
Bloemkool, gestoomd of gekookt

Voedingswaardeprofiel: 1.274 calorieën, 97 g proteïne, 177 g koolhydraten, 27 g totaal vet, 7 g verzadigd vet, 149 mg cholesterol, 36 g
vezels, 3 g suiker, 2.787 mg natrium

Dag 4

Ontbijt
1 portie *Champignon-tomaten frittata* (p. 56)
1 kopje magere melk
Stukje meloen (of ander fruit van het seizoen)
Koffie of thee

Tussendoortje
1 kopje verse bessen (of ander fruit van het seizoen)

Lunch
1 portie *Wrap met tonijnsalade* (p. 87)

Tussendoortje
1 kopje magere, ongezoete yoghurt

Avondeten
1 portie *Geroosterde varkenslende op Italiaanse wijze* (p. 97)
Spruitjes, gestoomd of gekookt
Groene sla met 2 eetlepels Italiaanse dressing (vetarm)

Voedingswaardeprofiel: 1.025 calorieën, 87 g proteïne, 102 g koolhydraten, 32 g totaal vet, 7 g verzadigd vet, 363 mg cholesterol, 25 g
vezels, 0,5 g suiker, 2.375 mg natrium

Dag 5

Ontbijt
2 eiwitten, geroerd
1 *Volkoren muffin met sinaasappel en rozijnen* (p. 66)
1 kopje magere melk
1 kopje frambozen (of ander fruit van het seizoen)
Koffie of thee

Tussendoortje
Allerlei gesneden rauwe groenten
1 plak magere kaas

Lunch
1 portie *Kalkoen-groentesoep* (p. 112)
Fijngesneden kool met 2 eetlepels magere dressing

Tussendoortje
1 peer, gesneden en in *Fruitdip* gedoopt (p. 152)

Avondeten
1 portie *Marokkaanse kip* (p. 108)

Voedingswaardeprofiel: 1.195 calorieën, 95 g proteïne, 134 g koolhydraten, 36 g totaal vet, 2 g verzadigd vet, 203 mg cholesterol, 22 g
vezels, 10 g suiker, 1.752 mg natrium

Dag 6

Ontbijt
1 portie *Succotash omelet* (p. 56)
1 verse nectarine of perzik
Koffie of thee

Tussendoortje
$^1/_2$ kopje magere, ongezoete yoghurt

Lunch
Gegrilde hamburger van mager gehakt, ongeveer 120 g
1 portie *Radijssla* (p. 139)
$^3/_4$ kopje druiven

Tussendoortje
$^1/_2$ kopje magere kwark met gesneden rauwkost

Avondeten
1 portie *Heilbot en papillottes* (p. 114)
Groene sla met 2 eetlepels magere slasaus
1 portie *Banana cream pie* (p. 158)

Voedingswaardeprofiel: 1.286 calorieën, 100g proteïne, 146 g koolhydraten, 37 g totaal vet, 9 g vezadigd vet, 341 mg cholesterol, 12 g
vezels, 5 g suiker, 1.990 mg natrium

Dag 7

Ontbijt
1 roerei
Haverzemelen, gekookt
1 kopje magere melk
Stuk meloen (of ander fruit van het seizoen)
Koffie of thee

Tussendoortje
1 appel, gesneden en in *Fruitdip* gedoopt (p. 152)

Lunch
1 portie *Ratatouille* (p. 136) met $^1/_2$ kopje in blokjes gesneden tahoe (voor de proteïne)
Groene sla met 2 eetlepels vetarme Italiaanse slasaus

Tussendoortje
1 kopje magere ongezoete yoghurt met 1 eetlepel suikervrije aardbeienjam

Avondeten
1 portie *Geroosterde varkenslende op Italiaanse wijze* (p. 97)
1 portie *Geroosterde groenten* (p. 177)

Voedingswaardeprofiel: 1.189 calorieën, 94 g proteïne, 151 g koolhydraten, 29 g totaal vet, 5 g verzadigd vet, 322 mg cholesterol, 24 g vezels, 1 g suiker, 1.345 mg natrium

Dag 8

Ontbijt
2 kalkoen- of kipworstjes
1 kopje magere ongezoete yoghurt
$^1/_2$ grapefruit
Koffie of thee

Tussendoortje
Komkommer, gesneden en in een $^1/_2$ kopje magere Hüttenkäse gedoopt

Lunch
1 portie *Linzen met kerrie* (p. 125)
Groene sla met 2 eetlepels vetarme slasaus

Tussendoortje
1 verse peer (of ander fruit van het seizoen)

Avondeten
1 portie *Gepaneerde biefstuk van de grill* (p. 96)
Tomaten, gestoofd
Bloemkool, gestoomd of gekookt

Voedingswaardeprofiel: 1.189 calorieën, 107 g proteïne, 150 g koolhydraten, 23 g toaal vet, 6 g verzadigd vet, 141 mg cholesterol, 29 g
vezels, 0 g suiker, 2.776 mg natrium

Dag 9

Ontbijt
2 plakjes kalkoenham of -bacon
Smoothie van 1 kopje magere melk gemengd met 1 kopje verse
blauwe bessen en 3 eetlepels havermoutvlokken
Koffie of thee

Tussendoortje
1 appel, gesneden en in *Fruitdip* gedoopt (p. 152)

Lunch
1 portie *Champignon-preisoep* (p. 76)
1 hamburger van ongeveer 120 g mager rundergehakt

Tussendoortje
$^3/_4$ kopje magere, ongezoete yoghurt

Avondeten
1 portie *Kipfilet met abrikozen* (p. 107)
Sperzie- of snijbonen, gekookt
Plakjes verse tomaat met 1 eetlepel vetarme mayonaise
1 portie *Grasshopper Pie* (p. 161)

Dag 10

Ontbijt
Roerei van 2 eiwitten
1 portie *Vetvrije muesli* (p. 62)
1 kopje magere sojamelk
1 banaan
Koffie of thee

Tussendoortje
1 verse pruim (of ander fruit van het seizoen)

Lunch
1 portie *Mexicali salade* (p. 82)

Tussendoortje
1 kopje magere ongezoete yoghurt

Avondeten
1 portie *Gestoomde red snapper* (p. 181)
Gemengde groenten, gestoomd (broccoli, courgette) met 1 eetlepel
Becel

Voedingswaardeprofiel: 1.259 calorieën, 111 g proteïne, 176 g koolhydraten, 22 g totaal vet, 2 g verzadigd vet, 196 mg cholesterol, 31 g
vezels, 1 g suiker, 1.880 mg natrium

Dag 11

Ontbijt
1 ei, gepocheerd
1 *Muffin met zemelen en appelmoes* (p. 68)
1 sinaasappel
Koffie of thee

Tussendoortje
Fruit smoothie: 1 kopje magere sojamelk gemengd met $^1/_2$ kopje bessen, met zoetstof (facultatief)

Lunch
Hamburger van gehakt kalkoenvlees (ongeveer 120 g)
1 portie *Instant gazpacho* (p. 75)

Tussendoortje
Kopje gesneden rauwe groenten gedoopt in $^1/_2$ kopje magere kwark

Avondeten
1 portie *Gepocheerde kabeljauw met ananassalsa* (p. 117)
Groene sla met 1 eetlepel olijfolie en balsamico-azijn naar smaak

Voedingswaardeprofiel: 1.050 calorieën, 95 g proteïne, 106 g kool-hydraten, 29 g totaal vet, 3 g verzadigd vet, 344 mg cholesterol, 23 g vezels, 6 g suiker, 1.394 mg natrium

Dag 12

Ontbijt
1 portie *Champignon-tomaten frittata* (p. 56)
$^3/_4$ kopje magere of halfvolle sojamelk
1 kopje verse frambozen
Koffie of thee

Tussendoortje
1 portie *Gevulde dadels* (p. 153)

Lunch
1 portie *Tabouleh met kerrie* (met kip, p. 83)
Groene sla met 2 eetlepels vetvrije slasaus

Tussendoortje
Gesneden rauwe groenten gedoopt in $^1/_2$ kopje magere kwark

Avondeten
1 portie *Rundvlees met broccoli uit de wok* (p. 93)
1 portie *Vanille-sinaasappel parfait* (p. 162)

Voedingswaardeprofiel: 1.343 calorieën, 99 g proteïne, 183 g koolhydraten, 27 g totaal vet, 5 g verzadigd vet, 324 mg cholesterol, 28 g
vezels, 7 g suiker, 2.297 mg natrium

Dag 13

Ontbijt
Roerei van 2 eiwitten
1 *Muffin met sinaasappel en rozijnen* (p. 66)
1 kopje meloenballetjes (of ander fruit van het seizoen)
Koffie of thee

Tussendoortje
1 sinaasappel

Lunch
Vetvrije sla van de chef: 2 plakjes magere ham, 30 g magere kaas,
slablaadjes en slagroenten, gesneden, 2 eetlepels magere slasaus

Tussendoortje
1 kopje magere, ongezoete yoghurt

Avondeten
1 portie *Zalm met dijonmosterd uit de oven* (p. 116)
1 portie *Winterse puree van wortelgroenten* (p. 135)

Voedingswaardeprofiel: 961 calorieën, 71 g proteïne, 107 g koolhydraten, 32 g totaal vet, 7 g verzadigd vet, 119 mg cholesterol, 17 g
vezels, 3 g suiker, 1.485 mg natrium

Dag 14

Ontbijt
2 kalkoen- of kipworstjes
1 portie ($^1/_2$ kopje) ontbijtgranen met hoog vezelgehalte (zemelen)
1 kopje magere of halfvolle sojamelk
1 perzik (of ander fruit van het seizoen)
Koffie of thee

Tussendoortje
$^1/_2$ kopje magere, ongezoete yoghurt

Lunch
1 portie *Salade van gebakken tonijn* (p. 80)

Tussendoortje
1 portie *Tahoe met kerrie* (p. 00) met rauwe, gesneden groenten

Avondeten
1 portie *Courgettelasagne* (p. 130)
Groene sla met 2 eetlepels vetarme slasaus
1 portie *Bananen uit de oven* (p. 166)

Het inrichten van een keuken zonder verleidingen

Ik kan niet genoeg benadrukken hoeveel invloed je omgeving heeft op je voedselkeuzes. De keuzes die je wel of niet in staat stellen om een langdurige oplossing voor je gewichtsproblemen te vinden. In *Voel je goed in je Lijf*, Sleutel 3 – een omgeving zonder verleidingen – wordt het veranderende persoonlijke landschap van je leven behandeld (waaronder je huis) door alles wat direct kan leiden tot mislukken te verwijderen en alles wat bij kan dragen tot afvallen zo veel mogelijk te benutten.

De aanwezigheid van voedsel in je omgeving is een van de meest dringende signalen om te gaan eten of een eetbui te krijgen. Sleutel 3 gaat dus over het uitbannen van alle verleidelijke etenswaren uit je huis, je kantoor, je auto of waar je het meestal ook bewaart. Wat er niet is, kun je per slot van rekening ook niet opeten.

Een van de belangrijkste plekken om deze sleutel toe te passen is in je eigen keuken. Ik zou graag willen dat je een inventaris van je keuken maakt en naar fatale, voedingsarme producten gaat zoeken. Die moet je vervangen door vitale, hoogwaardige voedingsmiddelen. Ik geef hieronder enkele algemene tips voor hoe je te werk zou kunnen gaan:

- Vervang koekjes, snoep en andere dikmakende zoete snacks door fruit en groenten.
- Vervang zoute snacks zoals chips, tortillachips, noten en andere verpakte zoutjes door een gezonder equivalent, zoals volkorencrackers of vetvrije popcorn.
- Vervang zoete broodjes, gebakjes, cakejes, taarten etc. door andere soorten gebak met vruchten of de gezonde tussendoortjes en nagerechten die in dit boek zijn opgenomen.
- Vervang gezoete ontbijtgranen door de gezondere soorten met zemelen en vezels.
- Vervang witbrood, broodjes etc. door volkoren- of meergranenbrood(jes).
- Vervang vette vleeswaren door magere soorten.

- Vervang ijs en met suiker gezoete nagerechten door vet- en suikervrij yoghurtijs.
- Vervang kant-en-klare, snelle maaltijden uit de supermarkt, zoals pizza, loempia's en magnetronmaaltijden door mager vlees als kip- en kalkoenfilet (zonder vel), verse, ingevroren of ingeblikte vis of schaaldieren (niets dat is gepaneerd).
- Vervang boter, margarine en andere harde vetten door gezonde vetten als olijfolie of canolaolie.
- Vervang volle melk en andere zuivelproducten door magere of halfvolle, ongezoete yoghurt of magere kaas.
- Vervang gezoete drankjes door suikervrije of lightdrankjes of door mineraalwater en andere calorievrije dranken.

Je keuken ontdoen van fataal, voedingsarm eten en dat te vervangen door gezondere etenswaren, is een stap in de richting van het programmeren, of inrichten van je omgeving met als doel het ondersteunen van wat je wilt bereiken. Programmeren zorgt ervoor dat je je niet elke keer weer opnieuw hoeft te motiveren om te proberen af te vallen. Wanneer je enthousiasme verslapt en je wilskracht onderuit gaat – wat ook gebeurt – dan is het nodig dat je je in een omgeving bevindt die je overeind houdt. Als je je rot voelt, kunnen de nabijheid van fastfood en snacks en andere artikelen die een bedreiging vormen voor een effectieve afslankmethode, je ondermijnen.

Denk er maar eens over na: misschien ben je er tot nog toe niet in geslaagd om je streefgewicht te bereiken omdat je niet hebt gedaan wat gedaan moest worden. Je hebt gefaald in verschillende stadia, en raakte daardoor steeds verder verwijderd van je doel. Als je je omgeving opnieuw inricht volgens de aanwijzingen in Sleutel 3, dan programmeer je jezelf voor een andere afloop – een succesvolle.

Hier is dan ook een programma om een snelle start te bevorderen, met behulp van een lijst van de artikelen die je in huis moet hebben om de recepten uit dit boek te kunnen maken en een keuken zonder verleidingen in te richten.

De bevoorrading van je keuken

De voedingsmiddelen die ik hier voor je op een rijtje heb gezet, zijn de ingrediënten die je nodig hebt om de recepten in dit boek te maken. Bij het plannen van je maaltijden en het opstellen van je wekelijkse boodschappenlijstje kun je de ingrediënten hieruit kiezen. Veel ervan horen bij de normale keukenvoorraad, zoals conserven, ingevroren artikelen, specerijen en kruiden, die je bij de hand moet hebben als je gaat koken.

Vitaal, hoogwaardig voedsel, proteïne

Rundvlees en andere vleessoorten
Biefstuk van de haas
Entrecote
Kalfsgehakt
Lamsbout
Lamskoteletten
Riblappen/sukadelappen
Rundergehakt/tartaar
Varkenshaasje
Varkenskarbonade

Kip en gevogelte
Braadkip, heel
Kipfilet, zonder vel
Kippenpoten, dij en drumsticks, zonder vel
Kalkoenborst
Kalkoenham of -bacon
Kalkoen- of kipworstjes

Eieren en magere zuivelproducten
Roomkaas, mager of halfvol
Eieren
Kaas, mager, 20-30%
Karnemelk, vetarm of vetvrij
Kwark, mager of halfvol
Melk, gecondenseerd, vetvrij, in blik

Melk, mager of halfvol
Melk, vetvrije poeder
Parmezaanse kaas, vetarm
Ricotta, vetarm
Vloeibaar eisubstituut
Yoghurt, mager, halfvol, ongezoet
Zure room, vetvrij (light)

Vis
Gamba's, garnalen, vers of diepvries
Heilbot
Kabeljauw
Krab
Red snapper
Tonijn, vers
Tonijn, in blik op water
Zalm

Sojaproducten en vegetarische etenswaren
Sojamelk
Tahoe

Vitale en hoogwaardige koolhydraten
Aardbeien, vers
Ananas (op sap of water)
Ananassap, ongezoet
Appels
Appelmoes, ongezoet
Appelsap, ongezoet
Avocado
Bananen
Bramen, vers of diepvries
Citroenen
Dadels
Druiven, blauw of wit
Frambozen, ongezoet, diepvries
Fruit, gedroogde zuidvruchten (appels, abrikozen, vijgen, blauwe bessen, kersen, cranberry's, perziken, rozijnen)

Grapefruit
Kersen, ongezoet, uit pot of diepvries
Limoenen
Mandarijnen (op sap of op water in blik)
Peren
Perziken (ongezoet, diepvries)
Pruimen
Sinaasappelen
Sinaasappelsap, ongezoet

Zetmeelarme groenten
Artisjokken (in blik op water)
Asperges
Aubergines
Bleekselderij
Bloemkool, diepvries
Bieten
Bindsla
Bosuitjes
Broccoli, diepvries
Champignons
Chilipepers, ingemaakt, mild of heet
Courgettes
Doperwten, diepvries
Doperwten en worteltjes, diepvries
Gemengde sla
Groentesap
Jalapeñopepers, pot of blik
Koolraap
Knoflook
Komkommer
Kool
Meiraap
Paddestoelen, shii-take of eekhoorntjesbrood, gedroogd
Palmharten, in blik
Paprika's, rode, ingemaakt
Paprika's, rood, groen en geel
Pastinaken

Peultjes
Pompoen
Prei
Radijs
Snijbiet
Sperziebonen
Spinazie
Spruitjes
Taugé
Tomaten, vers of in blik
Tomaten, zongedroogd
Uien
Wortelen

Zetmeelrijke groenten
Aardappelen
Black-eyed peas, in blik
Gemengde groenten uit de diepvries
Kikkererwten, in blik
Limabonen, in blik
Linzen, groene, gedroogd
Maïs, diepvries of in blik
Pintobonen, in blik
Pompoen, in blik
Rode kidneybonen, in blik
Witte bonen, in blik
Zoete aardappelen
Zwarte bonen, in blik

Volle granen en ontbijtgranen
Bruine rijst
Bulghur tarwe (kasha)
Chinese of Japanse (rijst)noedels
Grutten
Havermout
Havermoutbloem
Maïstortilla's
Ontbijtgranen, muesli, cruesli, All-Bran

Quinoa
Tarwezemelen
Tarwekiemen
Volkorenbrood
Volkorencrackers
Volkorenmacaroni
Volkorenmeel
Volkorenpaneermeel
Volkorentortilla's, vetvrij

Vitale, hoogwaardige vetten

Vetten en oliën
Canolaolie
Hazelnootolie
Margarine (light)
Olijfolie
Pindaolie
Plantaardige olie
Sesamolie
Walnootolie

Noten en zaden
Amandelen
Walnoten
Zonnebloempitten

Vitale, hoogwaardige bijgerechten

Bouillons
Groentebouillon, vetvrij, zonder zout
Kippenbouillon, vetvrij, zonder zout

Mosterd
Dijonmosterd

Sauzen
Cocktailsaus

Marinarasaus
Mexicaanse salsa
Sojasaus, natriumarm
Tabasco
Teriyakisaus
Worcestershiresaus

Azijn
Appelciderazijn
Balsamico-azijn
Rijstazijn
Witte wijnazijn

Specerijen en kruiden
Basilicum
Cayennepeper
Chilipoeder
Dille
Dragon
Gember, poeder en vers
Kaneel
Kardemom
Kerriepoeder
Knoflookpoeder
Komijn
Koriander, verse blaadjes
Kruidnagel
Kurkuma
Laurier
Maanzaad
Munt
Nootmuskaat
Oregano
Paprikapoeder
Peterselie
Piment
Provençaalse kruiden
Rode pepertjes, gedroogd

Rozemarijn
Saffraan
Salie
Selderijzaad
Speculaaskruiden
Tijm
Uienpoeder
Venkelzaad
Vijfkruidenpoeder (toko)
Zwarte peper

Zoetstoffen
Abrikozenjam, suikervrij
Ahornsiroop, suikervrij
Chocoladesiroop, vetvrij, suikervrij
Sinaasappelmarmelade, suikervrij
Suikersubstituut (zoetstof)

Essences
Amandelessence
Esdoornessence
Muntessence
Rumessence
Vanille-essence

Mayonaise en slasauzen
Alle commerciële slasauzen, vet- en suikerarm
Mayonaise, vetvrij
Sojamayonaise

Geconcentreerde vruchtensappen
Appel-, sinaasappel-, ananas-, druivensap, suikervrij diksap

Gelatine en instant pudding
Bananenpuddingmix, vetvrij, suikervrij
Chocoladepuddingmix, vetvrij, suikervrij
Gelatinepuddingmix, limoen
Gelatinepuddingmix, sinaasappel

Vanillepuddingmix, vetvrij, suikervrij

Overige voedingsmiddelen

Augurken
Bakpoeder
Espresso of instant koffie
Kappertjes
Limoen-citroendrank, suikervrij
Maïzena (bindmiddel)
Mierikswortel
Tahin (sesampasta)
Tomatenpuree
Thee
Wasabi, tube
Zeewier (nori)
Zuiveringszout

Het inrichten van je keuken

Het inrichten van je keuken met het gerei dat je nodig hebt om heerlijke, gezonde maaltijden te bereiden is net zo belangrijk als het voor een timmerman is om goed gereedschap te hebben. Met goede keukenspullen wordt koken gemakkelijker, leuker en veel gezonder. Om je te helpen geef ik hieronder een lijst van benodigdheden. Sommige van deze artikelen zullen voor zich spreken en heb je waarschijnlijk al, andere zijn fijn om te hebben, maar niet essentieel. Het betekent niet dat je alle dingen op de lijst moet gaan aanschaffen, en zeker niet de dingen die je al hebt. Als er iets bij is dat je alleen af en toe zou gebruiken, kun je het misschien wel van een vriend of buurman lenen in plaats van erin te investeren. Houd dat in gedachten als je deze lijst doorneemt, zodat je zult gaan inzien wat ervoor nodig is om goed te koken en tegelijkertijd je gezondheid te verbeteren.

Potten, pannen en speciale schalen
Bakplaat
Bakvormen, rond en vierkant, in allerlei maten
Braadpan
Fruitschaal
Grillpan
Hapjespan
Koekenpannen, klein, medium en groot, met anti-aanbaklaag
Kommen en bakjes die in de magnetron kunnen
Mengkommen, in allerlei maten
Muffinbakblik(jes)
Ovenschalen, vuurvast glas of aardewerk
Parfaitglazen
Puddingvorm, $1^1/_2$-2 liter inhoud
Ramequins
Rooster
Slakom
Soeppan
Souffléschaal
Springvormen
(Steel)pannen, klein, medium en groot, met deksel
Taartvorm, 25 cm doorsnee

Thermosfles, inhoud 2 kopjes
Vergiet
Vuurvaste steelpan (voor in de oven)
Wok, met anti-aanbaklaag

Elektrische apparaten
Blender
Mixer
Keukenmachine
Grill, gas of houtskool

Keukengerei
Aardappelmesje
Aardappelstamper
Citrusrasp (zester)
Garde
Grapefruitlepeltje
Koksmes
Lepels, alle maten, ook van hout
Nest maatkopjes en -lepels
Pepermolen
Rasp
Rubberen spatel
Schepje om meloenballetjes mee te maken
Slabestek
Soeplepel
Zeef

Overige artikelen
Aluminiumfolie
Bakpapier
Hersluitbare plastic zakjes

Dat was het: alles wat je nodig hebt om een keuken in te richten en succesvolle maaltijden te bereiden. Nu is het aan jou. Denk na over alle manieren waarop je kunt beginnen met het aannemen van goede, gezonde kookgewoontes en het maken van voedzame keuzes, die een integraal deel van je dagelijkse leven moeten gaan uitmaken. Bedenk

dat het een begin is van een heel nieuwe manier van koken en, wat
nog belangrijker is, een heel nieuwe manier van leven.

II

De recepten

Ontbijt

Er is een effectieve en toch simpele manier om je gewicht op peil te houden en jezelf tegen zwaarlijvigheid te beschermen – iets wat veel mensen vaker zouden moeten doen. Wat dat is? Ontbijten! Uit onderzoek is gebleken dat mensen die ontbijten 50% minder kans lopen om zwaarlijvig te worden en bloedsuikerproblemen te krijgen die kunnen leiden tot suikerziekte dan mensen die niet ontbijten. Goed ontbijten onderdrukt de rest van de dag je hongergevoel doordat je lichaam op de juiste manier van brandstof wordt voorzien. Met het gevolg dat je niet toegeeft aan het eten van tussendoortjes of jezelf volstopt met caloriearm eten dat je niet nodig hebt. Het ontbijt zorgt er ook voor dat je metabolisme wordt aangeslingerd en je lichaam van zonsopgang tot zonsondergang calorieën verbrandt. Bovendien zorgt een ontbijt zowel lichamelijk als geestelijk voor energie, die je wapent tegen de stress die je overdag moet verwerken. Daarom is ontbijten een cruciaal onderdeel van een levensstijl die bevorderlijk is voor een goede gezondheid en een gezond gewicht.

Velen zullen zeggen: 'Ik heb geen tijd om ontbijt klaar te maken of te eten.' Dat snap ik wel, en het is vaak gemakkelijker gezegd dan gedaan. Ik vermoed dat je, als je getrouwd bent en kinderen hebt, vroeg uit bed moet en je moet haasten om je kinderen, jezelf en je partner op een redelijke tijd de deur uit te werken. Laat me hierop meteen als weerwoord geven dat alle recepten die je hier aantreft, bedacht zijn om in korte tijd te bereiden en te serveren; veel recepten kunnen zelfs al van tevoren klaargemaakt worden. Als het overslaan van het ontbijt een vaste gewoonte is geworden, dan zul je die moeten doorbreken. Alleen al door deze eenvoudige verandering in je leven door te voeren, de dag beginnen met een gezond ontbijt, zet je een positieve stap in de richting van het oplossen van je gewichtsproblemen.

Champignon-tomaten frittata

Deze Spaans getinte frittata is een ontbijt
voor kampioenen: rijk aan proteïne en voedzame groenten. Een frittata lijkt op een omelet, met dat verschil dat bij een frittata de
groenten tegelijk met de eieren worden
gebakken, terwijl ze bij een omelet als vulling worden gebruikt. Geniet ervan!

6 porties

2 theelepels olijfolie
170 g champignons, in dunne plakjes gesneden
   (ongeveer 3 kopjes)
1 middelgrote tomaat, in stukjes gesneden
1 theelepel gedroogde tijm
1 theelepel zout
$1/_2$ theelepel gedroogde rozemarijn, verkruimeld
$1/_2$ theelepel versgemalen zwarte peper
1 $1/_2$ kopje vloeibaar eisubstituut of 6 grote eieren, losgeklopt
2 eetlepels geraspte vetarme parmezaanse kaas

VOEDINGSWAARDE

Calorieën 106	
Proteïne 8 g	
Koolhydraten 4 g	
Totaal vet 7 g	
Verzadigd vet 2 g	
Cholesterol 216 mg	
Vezels 1 g	
Suikers 0 g	
Natrium 100 mg	

Elke portie telt als 1 proteïne
en 1 zetmeelarme groente

❶ Verhit de olie in een koekenpan met anti-aanbaklaag op middelhoog vuur. Doe de champignons in de pan en bak ze onder af en toe
roeren tot het vocht eruit loopt, gaat koken en de champignons zacht
worden, ongeveer 4 minuten.

❷ Roer de tomaat erdoor, de tijm, het zout, de rozemarijn en de peper
en bak alles een paar tellen mee. Giet het eisubstituut of de eieren in
de pan en verdeel de groenten gelijkmatig. Sprenkel de parmezaanse
kaas erover. Zet het deksel op de pan en laat alles ongeveer 12 minuten zachtjes bakken tot de eieren gestold zijn. Snijd de frittata in zes
punten en dien hem op.

NB: Als je wilt kun je de frittata bovenop bruin laten worden door
hem onder de grill te zetten. Let erop dat het handvat van de koekenpan niet smelt. Wikkel het eventueel in aluminiumfolie voordat je de
pan onder de grill zet.

Succotash omelet

4 porties

2 eetlepels canolaolie
1 kleine ui, gehakt
1 rode paprika, gehakt
$\frac{1}{2}$ kopje diepvries limabonen (of tuinbonen)
$\frac{1}{2}$ kopje diepvries maïs, ontdooid
$\frac{1}{2}$ theelepel gedroogde tijm
$\frac{1}{2}$ theelepel zout
$\frac{1}{4}$ theelepel versgemalen zwarte peper
$\frac{1}{8}$ theelepel cayennepeper (facultatief)
1 kopje vloeibaar eisubstituut of 4 grote eieren,
    losgeklopt
2 eetlepels geraspte vetarme kaas

VOEDINGSWAARDE

Calorieën 173	
Proteïne 9 g	
Koolhydraten 13 g	
Totaal vet 9,5 g	
Verzadigd vet 2 g	
Cholesterol 215 mg	
Vezels 3 g	
Suikers 0 g	
Natrium 109 mg	

Elke portie telt als 1 proteïne, $\frac{1}{2}$ zetmeelrijke koolhydraat en 1 zetmeelarme groente.

❶ Verhit 2 eetlepels olie in een koekenpan met anti-aanbaklaag op middelhoog vuur. Voeg de ui en de paprika toe en laat ze ongeveer 2 minuten zachtjes bakken. Doe de boontjes en maïs erbij (of groentenmix uit de diepvries) en de tijm, peper, cayennepeper en het zout. Bak alles al roerend tot de groenten door en door warm zijn. Hevel het mengsel over in een kom en zet het apart.

❷ Zet de koekenpan weer op een middelhoog vuur. Doe de resterende olie erin en giet het eisubstituut of de eieren in de pan. Laat ze zonder te roeren bakken tot ze aan de rand beginnen te stollen, ongeveer 30 seconden. Schraap de randjes van de omelet met een spatel naar het midden van de pan en houd hem schuin, zodat het ongekookte ei naar de rand vloeit. Herhaal deze handeling en strooi dan de kaas over de omelet en laat alles nog 1 minuut doorbakken. Bedek de helft van de omelet met de groenten en vouw hem dicht. Houd de pan schuin en laat de omelet eruit rollen op een bord of plank. Snijd hem in 4 stukken en dien hem meteen op.

NB: De boontjes en maïs kun je vervangen door 1 kopje gemengde groenten uit de diepvries, die je eerst moet laten ontdooien.

Roerei à la Tex-Mex

Als je bent uitgekeken op gewone roereieren wordt het misschien tijd om eens iets anders te proberen. Deze versie zit vol magere eiwitten en is pittig door de chilipepers, die het hart zijn van de Tex-Mex keuken.

4 porties

2 theelepels canolaolie
1 kleine ui, gehakt
8 gare kalkoen- of kipworstjes, vetarm, in plakjes van 1 cm gesneden
$\frac{1}{4}$ kopje gehakte groene chilipeper (evt. uit blik)
1 theelepel chilipoeder
$\frac{1}{2}$ theelepel gemalen komijn
$\frac{1}{2}$ theelepel gedroogde oregano
$\frac{1}{4}$ theelepel kaneelpoeder
$\frac{1}{4}$ theelepel zout
1 kopje vloeibaar eisubstituut of 4 grote eieren, losgeklopt

VOEDINGSWAARDE

Calorieën	190
Proteïne	17 g
Koolhydraten	3 g
Totaal vet	12 g
Verzadigd vet	5 g
Cholesterol	251 mg
Vezels	0,5 g
Suikers	0 g
Natrium	552 mg

Elke portie telt als 1 proteïne en 1 zetmeelarme groente

❶ Verhit de olie in een grote koekenpan (met anti-aanbaklaag) op middelhoog vuur. Doe de ui erin en bak hem al roerend tot hij glazig is, ongeveer 2 minuten. Doe de plakjes worst erbij en bak ze al roerend lichtbruin. Als er vet is uitgelopen giet het dan af, maar laat de ui en worstjes in de pan achter.

❷ Voeg de chilipeper toe en de chilipoeder, komijn, oregano, kaneel en het zout en bak alles tot het geurig is, ongeveer 20 minuten. Schenk het eisubstituut of de eieren in de pan en roer ze tot ze net gaar zijn (het ei mag niet meer vloeibaar zijn), ongeveer 1 minuut. Dien ze meteen op.

De nieuwe 'Huevos Rancheros'

6 porties

2 middelgrote tomaten, in vier partjes gesneden
2 eetlepels verse korianderblaadjes
2 eetlepels rode ui, gehakt
$\frac{1}{2}$ theelepel zout
2-4 scheutjes tabasco
$\frac{1}{4}$ kopje zwarte bonen uit blik, uitgelekt en afgespoeld
1 eetlepel appel-ciderazijn
6 grote eieren
6 vetvrije volkorentortilla's of wraps
6 eetlepels magere geraspte kaas

VOEDINGSWAARDE

Calorieën 259	
Proteïne 13 g	
Koolhydraten 29 g	
Totaal vet 10 g	
Verzadigd vet 3 g	
Cholesterol 216 mg	
Vezels 3 g	
Suikers 0 g	
Natrium 528 mg	

Elke portie telt als 1 proteïne, 1 zetmeelrijke koolhydraat en 1 zetmeelarme groente.

1 Doe de tomaten en de koriander in de keukenmachine en hak ze fijn door de machine 3 of 4 keer aan en uit te zetten. Doe de ui, tabasco en het zout erbij en laat de machine nog twee tellen lopen, tot het mengsel eruitziet als groene salsa. Hevel het over naar een kom, roer de zwarte bonen erdoor en zet hem apart.

2 Doe een laag water van 2 $\frac{1}{2}$ cm in een hapjespan, schenk de azijn erbij en laat het vocht op hoog vuur aan de kook komen. Zet het vuur lager tot middelhoog, breek een ei in een ramequin of theekopje en laat het eruit glijden in het water. Kook ze tot de eiwitten gestold zijn, ongeveer 11 $\frac{1}{2}$ minuut. Herhaal deze handeling met de rest van de eieren en haal ze met een spatel of schuimspaan uit het water.

3 Leg intussen de tortilla's plat op zes borden en leg $\frac{1}{4}$ kopje salsa op elke tortilla. Leg er een goed uitgelekt ei bovenop en bestrooi elke portie met geraspte kaas. Meteen opdienen.

NB: Verse koriander (in Mexico bekend als cilantro) kan erg zanderig zijn en moet goed gewassen worden en gedroogd op een stuk keukenpapier. De zure azijn helpt de eieren in vorm te houden tijdens het pocheren.

Fruitsalade met maanzaadsaus

Yoghurt is een van de vele zuivelproducten die veel calcium bevatten. Calcium spoort het lichaam aan om meer vet te verbranden en de hoeveelheid nieuw vet die door het lichaam aangemaakt wordt in te perken. De meeste voedingsexperts bevelen twee tot drie porties vetarme zuivel per dag aan. Volgens ons voedselplan wordt aangeraden twee porties per dag te eten bij Stap 1 en Stap 2 en tot 3 porties bij Stap 3 om het gewicht op peil te houden. Deze fruitsalade met yoghurt zorgt voor extra calcium op het menu.

VOEDINGSWAARDE

Calorieën	142
Proteïne	5 g
Koolhydraten	30 g
Totaal vet	1 g
Verzadigd vet	een spoortje
Cholesterol	0 mg
Vezels	4 g
Suikers	2 g
Natrium	36 mg

Elke portie telt als 1 vrucht en $^1/_8$ vetarm zuivelproduct.

4 porties

1 kopje magere, ongezoete yoghurt
1 theelepel vanille-essence
1 theelepel maanzaad
1 kopje blauwe of groene pitloze druiven
1 zoete stevige appel (Gala, Red Delicious of Fuji), in stukjes gesneden
1 grote sinaasappel, gepeld en in halve partjes gesneden
1 rijpe banaan, in plakjes
$^1/_4$ kopje tarwekiemen of vetvrije muesli (p. 62)

❶ Meng de vanille-essence en maanzaadjes door de yoghurt in een kom.

❷ Doe de druiven, appels, sinaasappelpartjes en banaan in een ruime kom. Roer het yoghurtmengsel erdoorheen, zodat alle stukjes fruit ermee bedekt zijn. Dien de salade direct op met 1 eetlepel tarwekiemen of muesli per portie. Deze fruitsalade kan ook twee dagen in de ijskast bewaard worden. Voeg dan de muesli pas vlak voor het eten toe.

Kwarkparfait

Om een haastig opstaan en de deur uitgaan
's morgens niet in de weg te staan heb ik
beloofd dat ik ontbijtrecepten zou geven die
snel klaar zijn, zonder dat ze inboeten aan
voedzaamheid. Dit is een van onze snelste en
eenvoudigste ontbijten, waarin kant-en-klaar
licht fruit is verwerkt. Een heerlijke manier
om de dag te beginnen.

4 porties

VOEDINGSWAARDE
Calorieën 125
Proteïne 15 g
Koolhydraten 18 g
Totaal vet spoortje
Verzadigd vet 0 g
Cholesterol 0 mg
Vezels 1 g
Suikers 4 g
Natrium 425 mg

Elke portie telt als 1 vrucht en
1 vetarm zuivelproduct

1 kopje ongezoete appelmoes
2 kopjes magere kwark
1 blikje mandarijntjes op sap, uitgelekt (ongeveer 1 1/4 kopje fruit)
$^1/_4$ theelepel versgeraspte nootmuskaat

Leg $^1/_4$ van de eerste 3 ingrediënten in laagjes in elk parfaitglas in de
genoemde volgorde en sprenkel er wat nootmuskaat overheen.

Vetvrije muesli

Veel soorten muesli uit de winkel bevatten veel vetten en een flinke hoeveelheid suiker. Een goede manier om minder geraffineerde witte suiker te eten is recepten te zoeten met geconcentreerd vruchtensap of diksap (ongezoet natuurlijk). Als je van muesli houdt zonder extra vet en suiker, dan zal deze versie, op natuurlijke manier gezoet met geconcentreerd appelsap, een favoriet worden.

12 porties

VOEDINGSWAARDE	
Voedingswaarde	
Calorieën 196	
Proteïne 7 g	
Koolhydraten 35 g	
Totaal vet 5 g	
Verzadigd vet 0,5 g	
Cholesterol 0 mg	
Vezels 4,5 g	
Suikers spoortje	
Natrium 126 mg	

Elke portie telt als 1 zetmeelrijke koolhydraat.

3 kopjes ongekookte havermout (niet de snel gare soort)
$^3/_4$ kopje tarwekiemen
$^1/_3$ kopje hele amandelen, grof gehakt
2 eetlepels gepelde zonnebloempitten
1 theelepel kaneelpoeder
1 theelepel zout
1 kopje ongezoet geconcentreerd appelsap (indien uit de diepvries, ontdooid)
1 kopje gedroogde cranberry's of rozijnen

❶ Verwarm de oven voor tot 175 °C.

❷ Meng de havermout, tarwekiemen, amandelen, zonnebloempitten, kaneel en zout in een grote kom. Voeg het geconcentreerde sap toe, roer alles goed door elkaar en verdeel het mengsel gelijkmatig over een bakplaat.

❸ Bak het mengsel tot het lichtbruin wordt, en roer het om de vijf minuten om. Dat duurt ongeveer 40 minuten. Laat de ovenplaat afkoelen tot kamertemperatuur. Meng de cranberry's of rozijnen door de muesli, doe het mengsel in een voorraadpot met deksel en bewaar de muesli tot 2 maanden op kamertemperatuur. (Een portie is een half kopje.)

NB: Gebruik voor dit recept geen amandelen en zonnebloempitten die al een keer geroosterd zijn, want die verbranden in de oven. Zorg dat je noten en zaden koopt zonder toevoeging van zout of andere stoffen.

Havermout met zuidvruchten

Een uistekende manier om de honger langer in bedwang te houden is de dag te beginnen met een stevig bord havermout, verrijkt met gedroogd fruit en de 8 gram vezels die deze combinatie verschaft. Mijn oudste zoon Jason heeft gedroogde kersen bij ons in de familie geïntroduceerd, een sensationeel alternatief voor snoep. Als je ze niet kunt krijgen, gebruik dan gedroogde cranberry's, die te koop zijn bij natuurwinkels of Turkse winkels. Voeg ze toe aan havermout, vanwege hun natuurlijke zoetheid en voedingswaarde.

VOEDINGSWAARDE	
Calorieën 369	
Proteïne 19 g	
Koolhydraten 65 g	
Totaal vet 4 g	
Verzadigd vet 1 g	
Cholesterol 5 mg	
Vezels 8 g	
Suikers 7 g	
Natrium 221 mg	

Elke portie telt als 1 zetmeel-rijke koolhydraat, 1 vrucht en 1 vetarm zuivelproduct.

4 porties

4 kopjes vetvrije melk
6 gedroogde abrikozenhelften, in stukjes gesneden
$\frac{1}{4}$ kopje blanke rozijnen
$\frac{1}{4}$ kopje gedroogde kersen of cranberry's
3 kopjes ongekookte havermout (niet de snelkokende soort)
$\frac{1}{2}$ theelepel kaneelpoeder
$\frac{1}{2}$ theelepel amandelessence
$\frac{1}{4}$ theelepel zout

❶ Breng de melk zachtjes aan de kook in een grote steelpan. Roer de abrikozen, rozijnen en cranberry's erdoor en vervolgens de havermout. Zet het vuur laag en kook alles al roerend twee minuten.

❷ Roer de kaneelpoeder, amandelessence en het zout door de pap en blijf nog 3 minuten doorroeren tot hij romig is geworden. Draai het vuur uit en laat de pap 3 minuten staan voordat je hem opeet.

NB: Je kunt dit gerecht ook in de magnetron maken. Doe dan gewoon alle ingrediënten in een kom, roer ze goed door elkaar en zet de kom 2 minuten op een hoge stand in de magnetron. Roer de pap weer en warm hem steeds 1 minuut op, waarna je weer roert, tot de havermout romig is, na nog ongeveer 2 minuten. Laat de pap 3 minuten staan voordat je hem opeet.

Haverzemelen met gekruide appeltjes

Haverzemelen zijn een goede bron van oplosbare vezels, die, wanneer ze gegeten worden in combinatie met een vetarm dieet, effectief werken om schadelijke cholesterol af te breken. In dit voedzame ontbijt dat gezond is voor het hart, worden haverzemelen aangevuld met gedroogde appeltjes, die ook een hoog vezelgehalte hebben.

4 porties

3 kopjes water
1 kopje haverzemelen
10 gedroogde appelringen, fijngehakt
1 theelepel speculaaskruiden

VOEDINGSWAARDE

Calorieën	112
Proteïne	4 g
Koolhydraten	23 g
Totaal vet	2 g
Verzadigd vet	spoortje
Cholesterol	0 mg
Vezels	4 g
Suikers	0 g
Natrium	15 mg

Elke portie telt als 1 zetmeelrijke koolhydraat en 1/2 vrucht.

Doe alle ingrediënten in een grote kom en roer ze goed door elkaar. Zet de kom 2 minuten in de magnetron op hoge stand en roer de pap dan goed. Vervolg het koken, tot al het water is opgenomen, in steeds periodes van 1 minuut, waarna je weer roert (ongeveer 2 minuten). Laat de pap 5 minuten staan voordat je hem opeet.

Kaas-chiligrutten

4 porties

2 $1/4$ kopjes water, plus zo nodig iets meer
$1/2$ kopje snelkokende grutten
$1/2$ kopje vetarme of vetvrije geraspte kaas
$1/4$ kopje gehakte groene chilipeper, uit blik
$1/2$ theelepel gemalen komijn
$1/2$ theelepel gedroogde oregano
$1/2$ theelepel zout
$1/4$ theelepel knoflookpoeder

VOEDINGSWAARDE	
Calorieën 98	
Proteïne 5 g	
Koolhydraten 16 g	
Totaal vet 1 g	
Verzadigd vet 0,5 g	
Cholesterol 3 mg	
Vezels 0,5	
Suikers 0 g	
Natrium 280 mg	

Elke portie telt als 1 zetmeel-rijke koolhydraat.

❶ Breng het water aan de kook in een gro-te steelpan, liefst met anti-aanbaklaag, op hoog vuur, en roer de grutten erdoor. Zet het deksel op de pan en draai het vuur omlaag. Laat de grutten zachtjes pruttelen onder af en toe roeren, tot al het water is opgenomen, ongeveer 5 minuten.

❷ Roer de kaas en de kruiden door de grutten en laat alles al roerend nog eens 2 minuten doorpruttelen. Als de grutten te dik worden en aan de bodem gaan kleven, voeg dan nog een beetje water toe, 3 eetlepels tegelijk, om de pap wat te verdunnen. Zet het vuur uit en laat de grutten 3 minuten staan voor het opdienen.

Muffins met sinaasappel en rozijnen

Deze muffins zijn heel geschikt voor een zondags ontbijt en handig als gemakkelijk klaar te maken eten voor door de week. Ze bevatten het soort vitale, hoogwaardige koolhydraten waarvan we allemaal meer zouden moeten eten: gezond volkorenmeel, ontbijtgranen met een hoog vezelgehalte en natuurlijke vruchtensappen als zoetstof.

VOEDINGSWAARDE
Calorieën 102
Proteïne 3 g
Koolhydraten 17 g
Totaal vet 3 g
Verzadigd vet spoortje
Cholesterol 18 mg
Vezels 3 g
Suikers 3 g
Natrium 131 mg

Elke portie telt als 1 zetmeelrijke koolhydraat.

12 muffins

³/₄ kopje magere melk

¹/₂ kopje ongezoet geconcentreerd sinaasappelsap (evt. uit de diepvries, ontdooid)

2 eetlepels canolaolie

1 theelepel vanille-essence

1 groot ei, losgeklopt, of ¹/₄ kopje vloeibaar eisubstituut

2 kopjes Raisin Bran ontbijtgraan

1 kopje volkorenmeel

beetje zoetstof, gelijk aan 2 eetlepels suiker

1 eetlepel bakpoeder

1 theelepel kaneelpoeder

¹/₂ theelepel zout

12 papieren muffinvormpjes

❶ Zet het ovenrooster in het midden van de oven en verwarm hem voor tot 200 °C. Doe de muffinvormpjes in een muffinbakblik voor 12 muffins.

❷ Klop de melk, het sinaasappelsap, de olie, vanille en het ei of eisubstituut met een garde in een kom en zet hem apart.

❸ Meng de Raisin Bran Cereal, het volkorenmeel, de zoetstof, bakpoeder, kaneel en het zout in een andere kom.

❹ Giet het vloeibare mengsel bij de droge ingrediënten en roer tot alles net gemengd is (een paar kleine klontjes is geen probleem). Vul de muffinvormpjes voor tweederde met het beslag.

5 Bak de muffins tot ze goudbruin zijn, ongeveer 18 tot 20 minuten. Als je een satéstokje in het midden van een muffin steekt moet het er droog en schoon uitkomen: dan zijn de muffins gaar vanbinnen. Laat ze 3 minuten in het blik afkoelen en dien ze dan meteen op, of laat de muffins helemaal afkoelen en bewaar ze 3 dagen in een voorraadblik op kamertemperatuur.

Muffins met zemelen en appelmoes

Ik kan niet genoeg benadrukken hoe belangrijk het is om meer vezelrijk voedsel te eten.
Deze verrukkelijke muffins kunnen daartoe
mooi bijdragen. Je kunt het voedzame beslag
van tevoren klaarmaken en tot drie weken in
de ijskast bewaren, zodat je het bij de hand
hebt wanneer je voor het ontbijt verse
muffins wilt maken. De calorievrije zoetstof
zorgt ervoor dat deze muffins een suikervrije, gezonde traktatie zijn waar je naar hartelust van kunt genieten.

VOEDINGSWAARDE	
Proteïne 4 g	
Koolhydraten 17 g	
Totaal vet 3 g	
Verzadigd vet 0,5 g	
Cholesterol 1 mg	
Vezels 4 g	
Suikers 1 g	
Natrium 98 mg	

Elke portie telt als 1 zetmeelrijke koolhydraat

24 muffins

1 $1/2$ kopje All-Bran ontbijtgraan
1 kopje haverzemelen
$3/4$ kopje tarwezemelen
$1/2$ kopje ongekookte havermout (niet de snelkokende soort)
2 $1/2$ kopje kokend water
2 kopjes volkorenmeel
Zoetstof, gelijk aan $1/2$ kopje suiker
2 eetlepels zuiveringszout (natriumbicarbonaat)
1 theelepel kaneelpoeder
1 theelepel zout
2 kopjes vetarme of vetvrije karnemelk
$3/4$ kopje ongezoete appelmoes
$1/2$ kopje vloeibaar eisubstituut
$1/4$ kopje canolaolie
Muffinblik
Muffinvormpjes van papier voor in het muffinblik

❶ Doe de All-Bran, de zemelen en de havermout in een grote kom.
Giet het kokende water eroverheen en roer alles goed door elkaar. Laat
het 15 minuten staan.

❷ Doe intussen het volkorenmeel, de zoetstof, zuiveringszout,
kaneel en zout in een andere kom.

❸ Roer het zemelmengsel goed glad, zodat er geen klonten meer in zitten en roer er vervolgens de karnemelk, appelmoes, eisubstituut en olie doorheen. Roer het volkorenmeelmengsel erdoor tot alles goed gemengd is. Het is een dik beslag; gebruik daarom voor het glad roeren een aardappelstamper of elektrische mixer. Dek het beslag af en bewaar het hooguit drie weken in de ijskast.

❹ Verwarm de oven voor tot 175 ˚C. Vul het muffinblik met papieren vormpjes en schep er beslag in tot elk vormpje voor tweederde gevuld is.

❺ Bak de muffins in de oven goudbruin in ongeveer 25 tot 30 minuten. Ze zijn gaar als een satéstokje dat je in het midden steekt er droog en schoon uitkomt. Laat de muffins 3 minuten in het blik afkoelen, dien ze dan meteen op of laat ze helemaal afkoelen op een rooster. Muffins kunnen in een luchtdichte voorraadbus 3 dagen op kamertemperatuur bewaard worden.

NB: Als je niet alle muffinvormpjes van het blik gebruikt, vul de ongebruikte vormpjes dan half met water, dat zorgt voor gelijke warmtespreiding en gaat het kromtrekken van het muffinblik tegen.

Pêche Melba Smoothie

Voor een snel ontbijt of zelfs als tussendoortje geven weinig dingen meer voldoening
dan een vruchtensmoothie. Hierin zitten
drie verschillende soorten fruit, zodat je
lichaam voorzien wordt van de vitamines,
mineralen, anti-oxidanten en gezonde koolhydraten die belangrijk zijn voor een goede
gezondheid en je energie geven.

VOEDINGSWAARDE

Calorieën 103
Proteïne 4 g
Koolhydraten 20 g
Totaal vet 1 g
Verzadigd vet 0,5 g
Cholesterol 2 mg
Vezels 3 g
Suikers 3 g
Natrium 33 mg

Elke portie telt als 1 vrucht en
$^1/_4$ vetarm zuivelproduct.

2 porties

$^1/_2$ kopje perziken, in plakjes gesneden
$^1/_2$ kopje frambozen
$^1/_2$ kopje vetvrije en suikervrije yoghurt (eventueel vanillesmaak)
1 eetlepel tarwekiemen
Zoetstof gelijk aan 1 theelepel suiker (facultatief)
1 kopje ijsklontjes
$^1/_4$ ongezoet geconcentreerd sinaasappelsap (uit de diepvries, ontdooid)

Doe de ingrediënten in de volgorde die hierboven is aangegeven in een
blender. Zet hem twee keer snel aan en uit en laat hem dan draaien
tot de inhoud mooi glad (smooth!) is.

NB: Het werkt het beste als je de ijsklontjes even 5 minuten op kamertemperatuur laat staan.

Snelle Sunrise Smoothie

Een geweldige manier om snel een gezond
ontbijt klaar te maken met een mengsel van
vruchten, vol met voedzame stoffen, waaronder vitamine C, kalium en vezels.

**8 porties gemengd fruit om 8 smoothies
van te maken**

Fruitmengsel (al dan niet uit de diepvries)
2 kopjes bramen
2 kopjes frambozen
2 kopjes aardbeien, in plakjes
2 grote rijpe bananen in plankjes gesneden

Per smoothie:
1 kopje ongezoet appelsap
$1/_4$ theelepel vanille-essence

VOEDINGSWAARDE	
Calorieën 98	
Proteïne 1 g	
Koolhydraten 24 g	
Totaal vet 1 g	
Verzadigd vet 0 g	
Cholesterol 0 mg	
Vezels 6 g	
Suikers spoortje	
Natrium 2 mg	

Elke portie telt als 1 x fruit.

❶ Meng de bessen en bananen door elkaar en stop ze in een plastic
doos in het vriesvak van de koelkast. Zo blijft het fruit tot 4 maanden
goed.

❷ Om een smoothie te maken neem je 1 kopje van het fruitmengsel. Doe het fruit in de blender met het appelsap en de vanille en
pureer alles goed.

Lunch

Goede voeding, lichaamsbeweging en je gewicht op peil houden verhogen je welzijn. Soms echter compromitteren wij ons lichaam door haastig te eten zonder veel aandacht te besteden aan wat we eten en wat het doet met onze taille. Het beginnen aan een nieuwe, gezonde levensstijl houdt in dat je doelbewust keuzes moet maken. Elke maaltijd, bijvoorbeeld de lunch, behoort een gezonde gelegenheid te zijn om jezelf op te laden om de rest van de dag op een productieve manier door te komen.

In overeenstemming daarmee zijn de lunchrecepten in dit hoofdstuk – waaronder soepen, salades en sandwiches – erop gericht om voedingswaarde en vulling te verschaffen om te revitaliseren. De meeste soepen werken, behalve dat ze gezond en voedzaam zijn, mee aan het afslanken en het op peil houden van je gewicht en vormen daardoor een van de meest vitale en hoogwaardige voedingsmiddelen die je kunt eten. De spectaculaire salades die je hier tegenkomt zullen niet alleen een enorme impact hebben op je vitamineprofiel, maar bevatten eveneens fruit en groenten die je beschermen tegen ziektes. En als je gevangen zit in een sleur van hamburgers en patat, dan kun je altijd nog je toevlucht nemen tot de sandwiches.

Kijk vanaf vandaag dus eens goed naar je manier van eten rond het middaguur en verander je gewoontes. Goed eten resulteert in een goed gevoel over je lijf, zodat je op een natuurlijke manier zult worden gemotiveerd om er goed voor te zorgen.

Gebonden bloemkoolsoep

Het eten van vitale, hoogwaardige soepen bevordert een gevoel van volheid en verschaft de voedingsstoffen die je nodig hebt terwijl je minder calorieën tot je neemt. Als je er moeite mee hebt jezelf te beheersen tijdens het eten zal een lichte soep als deze je kans om af te vallen verhogen. Laat de groenten niet te bruin bakken, want dan wordt de soep bruin als je hem pureert.

6 porties

VOEDINGSWAARDE	
Calorieën	78
Proteïne	3 g
Koolhydraten	15 g
Totaal vet	2 g
Verzadigd vet	0 g
Cholesterol	0 mg
Vezels	2 g
Suikers	0 g
Natrium	101 mg

Elke portie telt als 1 zetmeelarme groente. De aardappel in dit recept dient om de soep te binden en is een te verwaarlozen bron van zetmeel.)

2 theelepel canolaolie
1 middelgrote ui, gehakt
2 stengels bleekselderij, gehakt
1 kleine bloemkool, in roosjes gesneden (of 4 kopjes bloemkoolroosjes uit de diepvries)
1 grote aardappel, geschild en in stukjes gesneden
1 theelepel salie
1 theelepel tijm
1 theelepel mosterdpoeder
4 kopjes ongezouten, vetvrije groentebouillon
$\frac{1}{2}$ theelepel zout
$\frac{1}{4}$ theelepel versgemalen zwarte peper
3 eetlepels blanke rozijnen, om mee te garneren

❶ Verhit de olie in een grote steelpan op een laag vuur. Doe de ui en de selderij erin en bak ze al roerend lichtbruin, ongeveer 5 minuten. Laat de uien niet te bruin worden.

❷ Voeg de bloemkool toe en de aardappel en bak die 1 minuut mee. Strooi de salie, tijm en mosterd erover en roer.

❸ Schenk de bouillon erbij, doe het deksel op de pan en stoof de groenten tot ze zacht geworden zijn, ongeveer 15 minuten.

❹ Pureer de soep in de keukenmachine of met een staafmixer. Warm hem weer een minuut op en breng hem op smaak met zout en peper. Garneer elke kom soep met een halve theelepel rozijnen.

Instant gazpacho

In het dieetprogramma in het *Voel je goed in je Lijf Kookboek* mag je zo veel zetmeelarme groenten eten als je wilt. De groenten zitten stampvol voedingswaarden en zijn calorie-arm. Hoe meer groenten je eet, des te minder ruimte – of trek – je hebt in fatale, voedings-arme etenswaren. Deze heerlijke koude soep is een gemakkelijke en lekkere manier om meer groenten te eten. Hij kan van tevoren gemaakt worden en smaakt de volgende dag zelfs nog beter.

VOEDINGSWAARDE	
Calorieën 54	
Proteïne 2 g	
Koolhydraten 11 g	
Totaal vet spoortje	
Verzadigd vet 0 g	
Cholesterol 0 mg	
Vezels 2 g	
Suikers 5 g	
Natrium 399 mg	

Elke portie telt als 1 zetmeel-arme groente.

10 porties

6 kopjes V-8 sap
$\frac{1}{4}$ kopje versgeperst citroensap
1 middelgrote rode ui, fijngehakt
3 stengels bleekselderij, fijngehakt
2 tenen knoflook, fijngehakt
1 groene paprika, fijngehakt
1 grote komkommer, geschild en fijngehakt
1 eetlepel Worcestershiresaus
2 theelepels zout
$\frac{1}{2}$ theelepel versgemalen zwarte peper
3-5 scheutjes tabascosaus

Meng alle ingrediënten goed in een grote kom. Dek de kom af en zet hem 2 uur of een hele nacht in de koelkast. Deze gazpacho blijft 5 dagen goed in de koelkast.

NB: Schraap de zaadjes uit de gehalveerde komkommer met een grape-fruitlepeltje.

Champignon-preisoep

In het hectische leven met kinderen, een baan, familie, vrijwilligerswerk en andere bezigheden, blijft er vaak weinig tijd over voor het maken van voedzame maaltijden. Snelle, gemakkelijk klaar te maken soepen zoals deze dragen een steentje bij aan het oplossen van dat probleem. Het is zelfgemaakt fastfood: simpel, vetarm en heel voedzaam. De groenten hebben een hoog gehalte aan plantaardige bouwstoffen, die goed zijn voor je gezondheid.

VOEDINGSWAARDE	
Calorieën 85	
Proteïne 3 g	
Koolhydraten 15 g	
Totaal vet 2,5 g	
Verzadigd vet spoortje	
Cholesterol 0 mg	
Vezels 2 g	
Suikers 0 g	
Natrium 228 mg	

Elke portie telt als 1 zetmeelarme groente.

6 porties

2 theelepel olijfolie
3 grote preien, dungesneden
5 kopjes champignons, in plakjes gesneden
3 middelgrote tomaten, gehakt
2 theelepels gedroogde dragon
1 $\frac{1}{4}$ theelepel mosterdpoeder
3 kopjes zoutarme, vetvrije groentebouillon
$\frac{3}{4}$ theelepel zout
$\frac{1}{2}$ theelepel versgemalen zwarte peper

❶ Verhit de olie in een grote steelpan op middelhoog vuur. Doe de prei erin en laat hem 2 minuten zacht bakken. Doe de champignons en tomaten erbij en bak ze mee tot de champignons hun vocht vrijgeven. Laat alles 3 minuten zachtjes bakken.

❷ Voeg de dragon en mosterd toe en schenk dan de bouillon erbij. Laat alles met een deksel op de pan op laag vuur 15 minuten pruttelen. Breng de soep op smaak met zout en peper en dien hem meteen op.

NB: Prei is berucht om zijn zanderigheid. Om prei goed schoon te maken moet je hem in de lengte doormidden snijden en ze onder de kraan afspoelen. Het meeste zand zit op de plek waar het witte over-

gaat in het groene deel. Snijd hem vervolgens in plakjes, ook het zachte groene uiteinde. Gooi de taaie uiteinden weg.

Om esthetische redenen geven sommigen er de voorkeur aan om
tomaten van hun zaadjes te ontdoen, zodat er geen pitjes in de soep
drijven. Snijd in dat geval de tomaten doormidden en schep de zaadjes
er met een lepeltje uit.

Thermosflessoep

Als je de gewoonte hebt op je werk voedings-arme snacks uit de kantine of automaat te kopen wordt het tijd om je te realiseren waar je mee bezig bent en een paar veranderingen aan te brengen. Ik raad je aan om thuis een meeneemlunch klaar te maken om ervoor te zorgen dat je niet gaat snacken. Begin eens met deze snelle, voedzame soep. Doe de ingrediënten gewoon in een thermosfles en je hebt een vullende maaltijd voor tussen de middag. De truc is dat je de wortel en selde-rij zo fijn mogelijk hakt.

VOEDINGSWAARDE	
Calorieën 159	
Proteïne 9 g	
Koolhydraten 31 g	
Totaal vet 3 g	
Verzadigd vet 0 g	
Cholesterol 0 mg	
Vezels 8 g	
Suikers 0 mg	
Natrium 318 mg	

Elke portie telt als 1 zetmeel-arme groente en $\frac{1}{2}$ zetmeelrij-ke groente.

1 portie

1 $\frac{1}{2}$ kopje ongezouten, vetvrije groentebouillon
$\frac{1}{4}$ kopje spinazie, fijngehakt
$\frac{1}{4}$ kopje maïskorrels, eventueel uit de diepvries, ontdooid
1 kleine wortel, fijngehakt
1 kleine stengel bleekselderij, fijngehakt
1 theelepel uitjes, fijngehakt

❶ Breng de bouillon zachtjes aan de kook op een hoog vuur (of in de magnetron).

❷ Doe de spinazie, maïs, wortel, selderij en ui in een thermosfles met een inhoud van 2 kopjes (halve liter, of meer). Schenk de bouillon erbij en sluit de fles goed af. Laat de soep ten minste 3 uur staan, of langer.

Salade van sobanoedels

Sobanoedels zijn traditionele Japanse noedels gemaakt van vezelrijk boekweitmeel. Ze
zijn verkrijgbaar in veel Chinese winkels of
toko's. Deze Aziatische salade is zo klaar en
geschikt voor allerlei gelegenheden, van een
feestje tot een picknick.

6 porties

$^1/_4$ kopje rijstazijn of witte wijnazijn
3 eetlepels natriumarme sojasaus
1 eetlepel sesamolie
3 kopjes gekookte sobanoedels
1 grote rode of groene paprika, dungesneden
1 kopje maïskorrels (eventueel uit de diepvries, ontdooid)
$^3/_4$ kopje peultjes (eventueel uit de diepvries, ontdooid)
5 bosuitjes, alleen het groene deel, in stukjes van 2 cm
$^1/_4$ kopje verse koriander, gehakt
2 eetlepels verse munt, gehakt

VOEDINGSWAARDE	
Calorieën 128	
Proteïne 5,5 g	
Koolhydraten 22 g	
Totaal vet 3 g	
Verzadigd vet 0,5 g	
Cholesterol 0 mg	
Vezels 2,5 g	
Suikers 1 g	
Natrium 310 mg	

Elke portie telt als ongeveer 1 $^1/_3$ zetmeelrijke koolhydraat.

❶ Klop de azijn, de sojasaus en de sesamolie door elkaar in een kom
en zet hem apart.

❷ Roer in een schaal de noedels, paprika, maïs, peultjes, bosuitjes,
koriander en munt goed door elkaar. Schenk de saus eroverheen (klop
hem weer goed als hij geschift is) en roer alles goed. Serveer de salade
meteen of zet hem in de koelkast (tot 24 uur).

Salade van gebakken tonijn

Een gezond plan van aanpak om de inname
van omega-3-vetten te verhogen, die goed
zijn voor het hart, is om meer manieren te
zoeken om tonijn te bereiden. Het kost heel
weinig moeite om deze tonijnsalade voor
fijnproevers te bereiden, die heel smaakvol
en gezond is. Ruik aan tonijn als je hem
koopt. Om er zeker van te zijn dat hij heel
vers is, moet hij naar de zee ruiken. Voor dit
recept kun je hem het best niet door en door
koken, hij mag nog een beetje roze zijn vanbinnen en knapperig aan de buitenkant.

VOEDINGSWAARDE	
Proteïne 36 g	
Koolhydraten 6 g	
Totaal vet 5 g	
Verzadigd vet 1 g	
Cholesterol 66 mg	
Vezels 2 g	
Suikers spoortje	
Natrium 191 mg	

Elke portie telt als 1 proteïne
en 1 zetmeelarme groente.

4 porties

2 bosuitjes, in stukjes gesneden
1 stukje verse geschilde gember van ongeveer 1 cm, in vieren gesneden
2 tenen knoflook, fijngehakt (eventueel met de knoflookpers)
450 g tonijnfilet van de beste kwaliteit
2 theelepels natriumarme sojasaus
2 theelepels sesamolie
6 kopjes gemengde groene slablaadjes
1 komkommer, dungesneden
1 wortel, geraspt
2 eetlepels plus 2 theelepels balsamico-azijn

❶ Hak de bosuitjes en gember heel fijn op een snijplank; gebruik
hiervoor de platte kant van een koksmes om ze te pletten. Dit kan ook
in de keukenmachine. Doe het mengsel in een kom en meng de knoflook erdoor tot je een pasta hebt.

❷ Bestrijk de tonijn aan weerszijden met sojasaus. Wrijf het kruidenmengsel in de vis en laat hem 5 minuten rusten op kamertemperatuur.

❸ Verhit een grote koekenpan met anti-aanbaklaag of een gietijzeren pan op hoog vuur tot hij gaat walmen. Doe de olie erin en leg de
tonijnfilet in de pan (pas op voor spatten). Bak hem 2 minuten aan en

raai hem dan om tot hij de gewenste gaarheid heeft, ongeveer 1 minuut voor rood, 2 minuten voor medium en 4 minuten voor doorbakken. Hevel de tonijn over naar een snijplank en laat hem 5 minuten rusten.

❹ Schik intussen 1 $\frac{1}{2}$ kopje van de slablaadjes en $\frac{1}{4}$ van de komkommer en wortel op elk bord. Snijd de tonijn in dunne plakjes en verdeel hem over de borden. Leg de rest van de sla boven op de tonijn en esprenkel het geheel met de balsamico-azijn. Direct opdienen.

NB: Aan de zijkant van de tonijn kun je zien hoe gaar hij wordt: langzamerhand wordt hij steeds minder roze. Maar dit is wel een ruwe indicatie, want de zijkanten zijn sneller gaar dan het binnenste.

Mexicali salade

Deze salade is een nieuwe manier om een vullende en smaakvolle maaltijd te bereiden, vol vezels, bevorderlijk voor het op peil houden van je gewicht en het bedwingen van je eetlust (om het niet te hebben over een goede spijsvertering). Bindsla (ook wel Romeinse sla) is een vitale bron van foliumzuur, een vitamine die bescherming biedt tegen vele ernstige ziektes en aandoeningen.

6 porties

4 kopjes gescheurde bindsla
2 grote tomaten
1 kopje pintobonen uit blik, uitgelekt
10 radijsjes, in plakjes gesneden, (of een halve kleine ramenas)
3 bosuitjes, in dunne plakjes gesneden
1 kopje maïskorrels (eventueel uit de diepvries, ontdooid)
1 kopje groene tacosaus
$\frac{1}{2}$ kopje vetvrije zure room (of crème fraîche)
Sap van 1 limoen
$\frac{1}{2}$ theelepel komijn, gemalen

❶ Leg de sla, tomaten, bonen, radijsjes, uitjes en maïs om en om in een glazen schaal.

❷ Meng de salsa, zure room, limoensap en komijn goed en schep de saus over de salade.

VOEDINGSWAARDE

Calorieën 126,5	
Proteïne 7 g	
Koolhydraten 23 g	
Totaal vet 4 g	
Verzadigd vet 0 g	
Cholesterol 13 mg	
Vezels 6 g	
Suikers 0 g	
Natrium 522 mg	

Elke portie telt als 1 zetmeelarme groente en 1 vegetarische proteïne (of 1 zetmeelrijke koolhydraat).

Tabouleh met kerrie

Deze vetarme, eiwitrijke kipsalade is geïnspireerd op het Midden-Oosten en is een goede lunch als je op je gewicht let. Hij blijft drie dagen goed in de koelkast, zodat je hem van tevoren kunt klaarmaken en kunt opeten wanneer je wilt.

4 porties

1 kopje middelfijne bulghur
1 kopje kokend water
/₄ kopje magere yoghurt (naturel)
2 eetlepels versgeperste citroensap
2 theelepels kerriepoeder
16 cherrytomaatjes, gehalveerd
1 kleine rode ui, gehakt
2 stengels bleekselderij, gehakt
¹/₄ kopje verse korianderblaadjes, gehakt
¹/₄ kopje verse muntblaadjes, gehakt
1 theelepel zout
¹/₂ theelepel versgemalen zwarte peper
1 ¹/₂ kopje gekookte kipfilet, in blokjes gehakt, zonder bot of vel (facultatief)

VOEDINGSWAARDE

(zonder kip)	
Calorieën 160	
Proteïne 8 g	
Koolhydraten 33 g	
Totaal vet 1 g	
Verzadigd vet spoortje	
Cholesterol 0 mg	
Vezels 3 g	
Suikers 0 g	
Natrium 387 mg	

Elke portie telt als 1 zetmeelarme groente en 1 zetmeelrijke koolhydraat.

VOEDINGSWAARDE

(met kip)	
Calorieën 246	
Proteïne 24 g	
Koolhydraten 33 g	
Totaal vet 3 g	
Vezadigd vet 1 g	
Cholesterol 45 mg	
Vezels 3 g	
Suikers 0 g	
Natrium 426 mg	

Elke portie telt als 1 zetmeelarme groente en 1 zetmeelrijke koolhydraat.

❶ Doe de bulghur in een ruime kom, giet het kokende water eroverheen, roer goed en laat een half uur staan.

❷ Roer intussen de yoghurt, citroensap en kerriepoeder in een kommetje goed door elkaar.

❸ Roer de bulghur los met een vork en doe er dan de tomaatjes, ui, selderij, koriander, munt, zout en peper bij. Goed mengen. Voeg de yoghurtsaus en eventueel de kip toe en meng alles goed. Dek de salade af en zet hem ten minste 1 uur in de koelkast.

Quinoa grapefruitsalade

Quinoa, het zaadje van een plant die familie is van de spinazie, is wat je een supergraan mag noemen. Hij heeft voor een plantaardig product een ongebruikelijk hoog eiwitgehalte, bijna dezelfde hoeveelheid als een glas melk. In dit recept wordt het gecombineerd met fruit voor een heerlijke, gezonde salade.

VOEDINGSWAARDE	
Calorieën 211	
Proteïne 5 g	
Koolhydraten 36 g	
Totaal vet 5 g	
Verzadigd vet 1 g	
Cholesterol 5 mg	
Vezels 3,5 mg	
Suikers 8 g	
Natrium 334 mg	

Elke portie telt als 1 zetmeelarme groente, 1 zetmeelrijke kolhydraat, $^2/_3$ fruit, en $^1/_2$ portie vet.

6 porties

2 kopjes water
$^1/_2$ theelepel zout
1 kopje quinoa, afgespoeld
1 grote grapefruit
$^1/_2$ kopje gedroogde cranberry's of rozijnen
2 bosuitjes, dungesneden
4 stengels bleekselderij, gehakt
6 eetlepels vetarme slasaus (eventueel uit een flesje)

❶ Breng het water met het zout aan de kook. Roer de quinoa erin en breng het weer aan de kook. Zet een deksel op de pan en laat alles op laag vuur in ongeveer 13 minuten gaarkoken. Neem de pan van het vuur en laat hem met het deksel erop 15 minuten afkoelen.

❷ Snijd intussen de grapefruit overdwars doormidden. Verwijder de partjes met behulp van een grapefruitlepeltje en vang het sap op in een schaal. Roer de bessen erdoorheen en de uitjes en selderij.

❸ Roer de quinoa los met een vork en doe hem bij het fruit in de schaal. Schenk de slasaus erbij en roer voor het opdienen alles goed door elkaar.

Voor een feestelijke presentatie kun je de salade serveren in gehalveerde tomaten waar je de zaadjes uit hebt geschept. Pas op dat het vel niet scheurt.

Gemarineerde cocktailgarnalen

Dit simpele lunchgerecht is in een handom-
draai klaar en heel smaakvol. Koop gare garnalen uit de diepvries.

1 portie

4 of 5 grote cocktailgarnalen
8 miniworteltjes
3 stengels bleekselderij, in stukjes van 5 cm
gesneden
2 eetlepels vetarme slasaus of cocktailsaus, uit
een flesje

VOEDINGSWAARDE

Calorieën	149
Proteïne	8 g
Koolhydraten	15 g
Totaal vet	7 g
Verzadigd vet	1 g
Cholesterol	72 mg
Vezels	3,5 g
Suikers	0 g
Natrium	392 mg

Elke portie telt als 1 zetmeelarme groente en 1 proteïne.

Leg de garnalen in bevroren staat met de worteltjes en de selderij in
een plastic bakje en sluit het goed af. Doe de slasaus of cocktailsaus in
een ander bakje. Laat het niet langer dan 2 uur op kamertemperatuur
staan, of in de koelkast niet langer dan 8 uur, tot de garnalen ontdooid zijn. Doop de garnalen en de groenten in de saus.

De nieuwe BLT

De BLT (In Nederland: SST – Spek-Sla-Tomaat) is al eeuwen een favoriete sandwich bij ons thuis, maar wij hebben geleerd een veel lichtere versie te maken met gebruik van vetarme producten die tegenwoordig op de markt zijn. Deze variatie op een traditionele sandwich boet niet in aan smaak, maar is juist buitengewoon lekker.

VOEDINGSWAARDE

Calorieën	253
Proteïne	13 g
Koolhydraten	40 g
Totaal vet	9 g
Verzadigd vet	1 g
Cholesterol	20 mg
Vezels	7 g
Suikers	6 g
Natrium	801 mg

Elke portie telt als 1 zetmeelarme groente, 1 zetmeelrijke koolhydraat, $^2/_3$ fruit, en $^1/_2$ portie vet.

4 porties

2 eetlepels dijonmosterd of Zaanse mosterd
1 eetlepel vetarme mayonaise of olijvonaise
8 plakjes kalkoenham of baconsubstituut
8 plakken volkorenbrood, geroosterd
4 slablaadjes, gehalveerd
1 grote tomaat, in 8 plakjes gesneden

❶ Combineer de mosterd en mayonaise in een kom en zet hem apart.

❷ Verhit een koekenpan met anti-aanbaklaag op een middelhoog vuur. Leg het spek(substituut) erin en bak het tot het knapperig is aan beide kanten, ongeveer 2 minuten. Laat het uitlekken op een stukje keukenpapier.

❸ Spreid $^1/_4$ van het mosterdmengsel op elke boterham. Leg er 2 plakjes spek op, 2 stukjes sla en 2 plakjes tomaat. Leg de andere helft van de sandwich erbovenop en dien ze meteen op.

NB: Als je de sandwich niet onmiddellijk wilt eten, stel hem dan pas op het laatste moment samen, anders wordt het brood papperig.

Wrap met tonijnsalade

Om eens iets nieuws te proberen voor de
lunch kun je ook een wrap nemen in plaats
van een boterham. Met de hoge voedingswaarde van tonijn en volkorentortilla's kun
je een heel gezonde maaltijd bereiden. Je
kunt deze wrap meenemen, maar dan moet
je de vulling en de tortilla wel apart verpak-
ken, zodat hij niet papperig wordt. Vanwege
de mayonaise moet je de vulling koel bewaren.

VOEDINGSWAARDE

Calorieën	209
Proteïne	22 g
Koolhydraten	22 g
Totaal vet	3 g
Verzadigd vet	1 g
Cholesterol	36 mg
Vezels	10 g
Suikers	0,5 g
Natrium	1,361 mg

Elke portie telt als 1 zetmeelarme groente, 1 zetmeelrijke
koolhydraat en 1 proteïne.

2 porties

1 blikje tonijn op water, uitgelekt
1 stengel selderij, fijngehakt
1 kleine augurk, fijngehakt
3 eetlepel vetvrije mayonaise
2 eetlepels rode ui, fijngehakt
2 theelepels versgeperst citroensap
/2 theelepel gedroogde dille of 1 theelepel verse dille, gehakt
/4 theelepel zout
/4 theelepel versgemalen zwarte peper
2 vetarme volkorentortilla's

❶ Meng de tonijn, selderij, augurk, mayonaise, ui, citroensap, dille,
zout en peper in een kom. Dek de kom af en zet hem tot 24 uur in de
koelkast.
❷ Schep de helft van de vulling op elke wrap en rol hem op.

Wrap met geroosterde groenten

6 porties

3 kleine courgettes, in de lengte in plakken gesneden van 1 cm dikte
2 middelgrote rode uien, in plakjes van 1 cm dikte
1 kopje witte bonen uit blik, uitgelekt en afgespoeld
1 hele geroosterde paprika uit een potje, afgespoeld
1 eetlepel tahini (sesampasta)
1 theelepel versgemalen zwarte peper
1 theelepel gemalen komijn
$\frac{1}{2}$ theelepel zout
6 vetvrije volkorentortilla's of andere wraps

VOEDINGSWAARDE

Calorieën 166	
Proteïne 8 g	
Koolhydraten 31 g	
Totaal vet 2 g	
Verzadigd vet spoortje	
Cholesterol 0 mg	
Vezels 14 g	
Suikers 0 g	
Natrium 309 mg	

Elke portie telt als 1 zetmeelarme groente, 1 zetmeelrijke koolhydraat en een te verwaarlozen hoeveelheid vegetarische proteïne uit de bonen.

❶ Verhit een houtskoolgrill, gasgrill of elektrische grill tot hij heel heet is. Rooster de courgetteplakjes en ui tot ze aan beide kanten bruin zijn, ongeveer 3 minuten per kant. Leg ze op een bord.

❷ Doe de witte bonen, paprika, tahini, peper, komijn en zout in de keukenmachine en maal alles fijn. (Dit kan eventueel ook in een bakje met een staafmixer.)

❸ Smeer 2 $\frac{1}{2}$ eetlepels witte-bonenpuree op elke tortillawrap en leg er 1/6 van de geroosterde groenten op. Rol de wraps op en eet ze meteen op, of wikkel ze afzonderlijk in folie en bewaar ze op kamertemperatuur (tot 3 uur) of in de koelkast (tot 24 uur).

NB: Tahini is een pasta gemaakt van geroosterde sesamzaadjes, net zoiets als pindakaas. Meestal moet het laagje olie dat bovenop drijft voor gebruik goed door de pasta geroerd worden. Bewaar tahini in de koelkast (hij blijft ongeveer 6 maanden goed).

Hoofd- en bijgerechten

Het is een gezonde, stimulerende, positieve en zelfs intieme ervaring om de maaltijd te delen met je familie of andere dierbaren. Het probleem in Amerika is dat er weinig gezinnen zijn die 's avons met zijn allen aan tafel gaan zitten. Omdat we in een tijd leven waarin we zo veel en zo vaak afgeleid worden – met werken, de kinderen ophalen van school, thuiskomen, snel eten en naar de afstandsbediening of een boek grijpen – blijft er weinig tijd over om door te brengen met degenen met wie wij ons leven delen. We zijn intussen gewend geraakt aan een chaotische en hectische levensstijl.

Ik zou je willen uitdagen om dit gedrag op een reële manier te wijzigen. Probeer een manier te vinden om meer tijd door te brengen met het hele gezin, door ten minste een paar avonden in de week samen te eten, of elke dag een redelijke tijd aan tafel door te brengen met elkaar. (Een maaltijd hoeft niet altijd een heel uur te duren.) Samen een maaltijd genieten kan een belangrijke manier zijn om met elkaar te communiceren. Uit onderzoek is gebleken dat hoe vaker je samen eet, des te kleiner de kans is dat je kinderen zullen gaan roken, drinken of drugs gebruiken. Het is ook een van de beste manieren die ik ken voor ouders om hun kinderen goede eetmanieren bij te brengen en betere sociale vaardigheden te leren. Kortom, een gezamenlijke maaltijd helpt het gezin in goede gezondheid bij elkaar te houden.

Dit hoofdstuk met voedzame en smaakvolle hoofd- en bijgerechten kan het begin zijn voor het bereiden van avondmaaltijden waar je gezin dol op is en die tegelijkertijd een hechte en koesterende atmosfeer scheppen. Er is voor elk wat wils bij, van gerechten met kip, vlees of vis tot en met vegetarische schotels.

Zorg er dus voor dat iedereen van wie je houdt zich op elk mogelijk niveau goed voelt – lichamelijk, emotioneel en sociaal. Besteed een deel van de tijd die je anders aan andere dingen besteedt aan quality time met je gezin.

Haasbiefstuk met kruiden

9 porties

¼ kopje peterselie (liefst de platte soort), fijngehakt
2 eetlepels verse dragon, fijngehakt
1 eetlepel verse tijm, fijngehakt
½ theelepel zout
¼ theelepel versgemalen zwarte peper
Een stuk biefstuk van de haas van 1350 gram
2 tenen knoflook, in dunne plakjes gesneden
¼ kopje dijonmosterd

VOEDINGSWAARDE

Calorieën	318
Proteïne	43 g
Koolhydraten	1 g
Totaal vet	14 g
Verzadigd vet	5 g
Cholesterol	127 mg
Vezels	spoortje
Suikers	0 g
Natrium	212 mg

Je kunt het beste vlees uit-
zoeken waaraan heel weinig
vet zit, zoals biefstuk van de
haas. Een biefstukje met kruiden is heerlijk, omdat het
vlees de aroma's van de verse
kruiden opneemt.

❶ Verwarm de oven voor tot 200 °C. Meng op een groot bord de verse kruiden met het zout en de peper.

❷ Maak met een aardappelmesje inkepingen in het vlees aan de boven- en onderkant en steek een plakje knoflook in elke inkerving. Smeer het stuk vlees, inclusief de uiteinden, in met mosterd. Rol het vlees in het kruidenmengsel en druk het goed aan. Leg het vlees vervolgens in een ondiepe ovenschaal.

❸ Rooster het vlees medium. Een vleesthermometer is hierbij een handig apparaat. Steek hem midden in het stuk vlees en braad het tot de thermometer de gewenste gaarheid aangeeft, na ongeveer 50 minuten. Voor een iets gaardere biefstuk is de braadtijd 1 uur. (Controleer de temperatuur na 40 minuten om te zien of het niet te hard gaat.) Laat het vlees 10 minuten staan voordat je het aansnijdt.

NB: Veel koks testen de gaarheid van vlees door er met een vinger op te drukken. Je kunt deze techniek leren met behulp van je handpalm. Als vlees *rare* is voelt het aan als het vlees in de kromming tussen je wijsvinger en je duim in ontspannen staat. *Medium rare* voelt aan als het vlees vlak onder je pink aan de zijkant van je hand. *Medium* voelt aan als het vlezige deel van je hand tussen je duim en wijsvinger, ongeveer 2 ½ cm onder de plek die aanvoelt als rare. En doorgebakken voelt aan als het midden van je pols. Al is de temperatuur het best te controleren met een vleesthermometer, zo kun je ook een aardig idee krijgen van hoe lang het nog duurt voor het gaar is.

Oma's runderstoofpot

Een van de herinneringen uit mijn jeugd is
de runderstoofpot die mijn moeder voor
onze familie klaarmaakte. Onderstaande versie wordt gemaakt met sukadelappen, die
wat minder vet zijn dan riblappen of klap-
stuk.

6 porties

VOEDINGSWAARDE
Calorieën 308
Proteïne 46 g
Koolhydraten 12 g
Totaal vet 7 g
Verzadigd vet 2 g
Cholesterol 104 mg
Vezels 3 g
Suikers 0 g
Natrium 347 mg
Elke portie telt als 1 proteïne

1 theelepel canolaolie of plantaardige olie
een stuk sukadelap van 1 kilo (snijd zo veel mogelijk vet af)
2 grote wortelen, in plakjes van 1 cm dik gesneden (ongeveer 2 kopjes)
2 grote pastinaken, geschild en in plakjes van 1 cm dik gesneden (ongeveer 2
kopjes)
1 grote stengel selderij, dungesneden (ongeveer 1 kopje)
1 theelepel gedroogde tijm
1 theelepel zoete paprikapoeder
1 theelepel mosterdpoeder
$1/_2$ theelepel zout
$1/_4$ theelepel versgemalen zwarte peper
1 blikje of potje (ongeveer 400 ml) zoutarme, vetvrije runderbouillon
3 eetlepels mierikswortelsaus

❶ Verwarm de oven voor op 175 °C.
❷ Verhit de olie op middelhoog vuur in een grote geëmailleerde
gietijzeren pan waar een deksel op past. Bak het vlees rondom bruin
in ongeveer 3 minuten. Leg het op een bord en zet het apart.
❸ Doe de wortel, pastinaak en selderij in de pan en bak ze al roerend 2 minuten tot ze zacht beginnen te worden. Voeg de tijm, paprikapoeder, mosterdpoeder, het zout en de peper toe. Roer alles goed en
bak het nog een paar tellen door. Giet de bouillon erbij in de pan en
schraap alle deeltjes van de bodem los. Laat het vocht pruttelen.
Smeer intussen het vlees aan de bovenkant in met mierikswortelsaus.
❹ Leg het vlees weer in de pan met de ingesmeerde kant omhoog.
Zet het deksel op de pan, zet de pan in de oven en laat het vlees ten

minste 2 uur of langer in de oven stoven tot je er gemakkelijk met een vork in kunt prikken.

NB: Mierikswortelsaus is verkrijgbaar in een potje bij de meeste supermarkten. Kijk op het etiket hoeveel natrium het bevat. Als je op een natriumarm dieet bent moet je het zout in dit recept achterwege laten.

Rundvlees met broccoli uit de wok

Het is een feit dat broccoli en andere groenten van dezelfde familie, zoals bloemkool, kool en spruitjes, kanker bestrijden. Deze groenten hebben dus een gezonde dosis plantaardige voedingswaarde. Een manier om broccoli aantrekkelijker te maken voor degenen die niet van groenten houden, is het toe te voegen aan roerbakgerechten. De broccoli smaakt niet alleen beter, maar de antioxidanten en andere goede stoffen worden ook beter door het lichaam opgenomen

VOEDINGSWAARDE

Calorieën 176	
Proteïne 21 g	
Koolhydraten 9 g	
Totaal vet 6 g	
Verzadigd vet 1,5 g	
Cholesterol 50 mg	
Vezels 3 g	
Suikers 1 g	
Natrium 326 mg	

Elke portie telt als 1 proteïne en 1 zetmeelarme groente.

als het bereid wordt met een klein beetje olie. Net als alle andere soorten rood vlees is de lende een uitstekende bron van ijzer, essentieel voor het opbouwen van spieren en bloed. Ondanks de voedingswaarde van rood vlees moet je er niet te veel van eten. Als je een paar keer per maand rood vlees eet, loop je geen kans om te veel verzadigde vetten naar binnen te krijgen. Roergebakken gerechten zijn snel klaar, dus zorg ervoor dat je alle ingrediënten onder handbereik hebt als je aan de slag gaat.

4 porties

2 theelepels pindaolie of andere plantaardige olie
2 eetlepels verse gember, geschild en fijngehakt
2 bosuitjes, fijngehakt
2 tenen knoflook, fijngehakt
$\frac{1}{4}$ theelepel fijngewreven rode chilipeper
Geraspte schil van 1 sinaasappel
250 g runderlende, van al het zichtbare vet ontdaan en in dunne plakjes gesneden
2 kopjes verse broccoli, in roosjes (eventueel uit de diepvries, ontdooid)
1 rode paprika, gehakt
2 eetlepels natriumarme sojasaus
2 eetlepels rijstazijn of witte wijnazijn
1 theelepel maïzena, losgeroerd met 1 eetlepel water

❶ Verhit de olie in een grote wok (met anti-aanbaklaag) of koekenpan op middelhoog vuur. Doe de gember, bosuitjes en knoflook erin en bak ze ongeveer 30 seconden al roerend lichtbruin. Doe de chilipeper en sinaasappelrasp erbij en bak nog 20 tellen door.

❷ Doe het vlees in de pan en bak het al roerend tot het lichtbruin begint te worden, ongeveer 2 minuten. Voeg de broccoli en de paprika toe; blijf roeren tot ze zacht beginnen te worden, ongeveer 1 minuut.

❸ Schenk de sojasaus en azijn erbij in de pan en laat ze al roerend aan de kook komen. Voeg dan de maïzena toe en blijf roeren tot de saus dik is geworden, ongeveer 15 seconden. Neem de pan meteen van het vuur (laat de maïzena niet lang koken). Laat alles 1 minuut staan en dien het dan op.

NB: Om citrusschil te raspen bestaat een handig apparaatje, en zester of schillentrekker, dat verkrijgbaar is bij de betere kookwinkels. Je kunt ook een gewone grove rasp gebruiken, maar druk dan niet te hard, anders rasp je het bittere witte gedeelte vlak onder de schil mee.

Mager gehaktbrood

Een oude favoriet in een nieuw jasje: een
vetarme, veel gezondere manier om gehaktbrood te maken die toch smaakvol is. De
champignons zorgen voor het vocht dat vaak
ontbreekt aan de magere soorten gehakt,
zodat het eindresultaat toch sappig is.

6 porties

500 g champignons
750 g mager rundergehakt
250 g mager kalfsgehakt
$^1/_2$ kopje havermoutvlokken (niet de snelkokende soort)
$^1/_4$ kopje vloeibaar eisubstituut
2 eetlepels ui, gehakt
2 theelepels gedroogde salie
2 theelepels tijm
1 theelepel zout
$^1/_2$ theelepel knoflookpoeder
$^1/_4$ theelepel versgemalen zwarte peper
$^1/_4$ theelepel cayennepeper (facultatief)
1 grote tomaat, in heel dunne plakjes gesneden.

VOEDINGSWAARDE

Calorieën	244
Proteïne	22 g
Koolhydraten	10 g
Totaal vet	13 g
Verzadigd vet	5 g
Cholesterol	70 mg
Vezels	2 g
Suikers	0 g
Natrium	321 mg

Elke portie telt als 1 proteïne
en 1 zetmeelarme groente.

❶ Verwarm de oven voor tot 175 ˚C.

❷ Veeg de champignons schoon met een doekje en verwijder eventueel het zanderige uiteinde. Was ze niet, want dan nemen ze te veel
vocht op. Doe de champignons in de keukenmachine en maal ze fijn.

❸ Leg de fijngehakte champignons in een schaal.

❹ Maak het gehakt met schone handen rul en voeg de havervlok-
ken, het eisubstituut, de ui, salie, tijm, het zout, de knoflookpoeder,
zwarte peper en cayennepeper toe en meng alles grondig door elkaar.

❺ Leg het gehakt in een cakevorm of ovenschaal en bedek de bovenkant met plakjes tomaat, die elkaar eventueel mogen overlappen.

❻ Zet de vorm in de oven en braad het gehaktbrood tot het bovenop
mooi bruin is en het stevig aanvoelt, ongeveer 50 minuten. Laat het 5
minuten staan alvorens het in plakken of parten te snijden.

Gepaneerde biefstuk van de grill

Dit is een afgeleide van de zogenaamde *Chicken-fried steak*, die heel populair is in Texas en praktisch overal op het menu staat. Naar schatting worden er in Texas per dag achthonderd *Chicken-fried steaks* geconsumeerd. Het is een specialiteit waarmee heel veel vet is gemoeid, dus als je hem regelmatig eet, kom je kilo's aan. In deze versie wordt haast geen vet gebruikt, zodat hij veel minder calorieën bevat, en dat zonder aan smaak in te boeten.

VOEDINGSWAARDE	
Calorieën	358
Proteïne	46 g
Koolhydraten	27 g
Totaal vet	7 g
Verzadigd vet	3 g
Cholesterol	104 mg
Vezels	3,5 mg
Suikers	0 g
Natrium	576 mg

Elke portie telt als 1 proteïne en ongeveer 1 zetmeelrijke koolhydraat.

4 porties

4 lendebiefstukjes of entrecotes (van ongeveer 150 g elk)
1 kopje magere karnemelk
1 kopje havermeel, of 1 kopje ongekookte havermoutvlokken (niet de snelkokende soort)
2 theelepels zoete paprikapoeder
1 theelepel uienpoeder
1 theelepel zout
$^1/_2$ theelepel knoflookpoeder
$^1/_4$ theelepel versgemalen zwarte peper
$^1/_8$ theelepel cayennepeper (facultatief)

❶ Leg de biefstukken tussen twee vellen bakpapier en klop ze met behulp van een houten hamer zo plat mogelijk. Prik er met een vork in en leg de biefstukjes in een ondiepe ovenschaal. Schenk de karnemelk erover en laat het vlees op kamertemperatuur een half uur marineren. Draai ze af en toe om.

❷ Neem intussen een bakplaat met een anti-aanbaklaag (of bespuit hem met anti-aanbakspray). Verwarm de oven voor tot 200 °C. Meng de havermout, de paprika, het ui- en knoflookpoeder, zout en de zwarte peper en cayennepeper op een groot bord.

❸ Haal de gemarineerde biefstukjes door het paneermengsel en leg ze op de bakplaat. Rooster ze tot ze mals aanvoelen als je er met een vork in prikt en ze lichtbruin geworden zijn, ongeveer 30 minuten.

Geroosterde varkenslende op Italiaanse wijze

Een stukje varkensvlees op zijn tijd hoeft niet altijd meteen de wijzer op de weegschaal omhoog te jagen, als je maar de gezondere, magere soort uitzoekt, zoals lende of haas, die qua vetgehalte en calorieën vergelijkbaar zijn met een stukje kip.

VOEDINGSWAARDE

Calorieën 259	
Proteïne 33 g	
Koolhydraten 1 g	
Totaal vet 13 g	
Verzadigd vet 4 g	
Cholesterol 92 g	
Vezels 1 g	
Suikers 0 g	
Natrium 242 mg	

Elke portie telt als 1 proteïne.

8 porties

2 theelepels venkelzaad
2 theelepels oregano
2 theelepels rozemarijn
1 theelepel zout
$\frac{1}{4}$ theelepel versgemalen zwarte peper
1 eetlepel olijfolie
3 tenen knoflook, fijngehakt of uit de pers
1 stuk varkenslende van ruim 1 kilo, al het zichtbare vet afgesneden

❶ Verwarm de oven voor tot 160 °C. Meng alle kruiden en zout en peper in een kom. Zet hem apart. Meng de olijfolie en geperste knoflook in een ander kommetje. Wrijf het vlees in met het olijfoliemengsel. Strooi het kruidenmengsel over het vlees en leg het in een ondiepe ovenschaal.

❷ Rooster het vlees in de oven tot het een goudbruine kleur heeft en gaar is vanbinnen. Ongeveer 1 uur 15 minuten.

Stoofschotel van varkensvlees met zwarte bonen

Varkensvlees is een goede bron van proteïne en belangrijke mineralen. Net als al onze vleesrecepten vraagt deze stoofschotel, een gezonde uitvoering van een klassieker uit Texas, om een mager stuk vlees, waarvan al het zichtbare vet is afgesneden zodat je nog minder vet en calorieën binnenkrijgt. Samen met de vezelrijke bonen en andere groenten vormt deze schotel een bijna volkomen uitgebalanceerd maal in één pan.

VOEDINGSWAARDE

Calorieën	291
Proteïne	30 g
Koolhydraten	24,5 g
Totaal vet	10 g
Verzadigd vet	3 g
Cholesterol	67 mg
Vezels	8 g
Suikers	1 g
Natrium	586 mg

Elke portie telt als 1 proteïne en 1 zetmeelrijke koolhydraat.

4 porties

2 theelepels olijfolie
1 middelgrote ui, gehakt
3 tenen knoflook, fijngehakt
500 g varkensvlees zonder bot (haas of lende), ontdaan van al het zichtbare vet, in blokjes gesneden
2 eetlepels chilipoeder
1 theelepel gemalen komijn
1 theelepel kaneelpoeder
1 jalapeñopeper, uit een potje, van zaadjes ontdaan, afgespoeld en fijngehakt
1 $\frac{1}{2}$ kopje water
1 blikje zwarte bonen, uitgelekt en afgespoeld
$\frac{1}{4}$ kopje verse koriander, gehakt
1 eetlepel versgeperst limoensap

❶ Verhit de olie in een pan met anti-aanbaklaag op middelhoog vuur. Doe de ui en knoflook erin en bak ze al roerend tot ze zacht zijn geworden, ongeveer 2 minuten. Doe de blokjes vlees erbij in en bak ze rondom bruin, ongeveer 4 minuten.

❷ Voeg de chilipoeder, komijn, kaneel en het jalapeñopepertje toe en bak ze ongeveer 20 seconden mee. Giet het water in de pan, voeg de bonen toe en roer alles goed en schraap de aanbaksels van de bodem van de pan. Breng alles aan de kook, zet een deksel op de pan en laat alles op laag vuur zachtjes pruttelen tot het vlees gaar is, ongeveer 30 minuten.

❸ Roer het limoensap door het gerecht en dien het op met koriander.

NB: Een ingelegd jalapeñopepertje geeft dit gerecht een extra kick. Was je handen zorgvuldig nadat je met pepers gewerkt hebt, want als je ermee in je ogen wrijft krijg je een branderig gevoel. Wil je het gerecht echt pittig maken, verwijder dan de zaadjes niet uit de peper.

Varkenshaasjes van de grill

Ik heb een passie voor grillen en barbecuen, niet alleen omdat het een snelle, effectieve manier van koken is, maar ook omdat het een heel gezonde manier van koken is, met een vetarm en smaakvol eindresultaat. Probeer deze eenvoudige, pittige marinade uit het Zuidwesten van de Verenigde Staten eens als je de barbecue weer opstookt.

VOEDINGSWAARDE
Calorieën 201
Proteïne 33 g
Koolhydraten 3 g
Totaal vet 7 g
Verzadigd vet 2 g
Cholesterol 90 mg
Vezels 1 g
Suikers 0 g
Natrium 127 mg

Elke portie telt als 1 proteïne.

4 porties

2 eetlepels versgeperst limoensap
1 eetlepel chilipoeder
1 eetlepel Worcestershiresaus
1 $\frac{1}{2}$ theelepel gemalen komijn
625 g varkenshaas, ontdaan van al het zichtbare vet

❶ Doe het limoensap, de chilipoeder, Worcestershiresaus en komijn in een hersluitbare plastic zak. Doe het vlees erbij en verzegel de zak; knijp er zo veel mogelijk lucht uit. Wrijf de zijkanten van de zak tussen je handen, zodat de specerijen in het vlees kunnen trekken. Leg de zak met vlees ten minste 2 uur in de koelkast (het mag zo lang als 18 uur). Wrijf de zak tijdens het marineren ten minste tweemaal tussen je handen om de marinade te verdelen.

❷ Maak de barbecue aan of verwarm een gas- of elektrische grill voor tot hij heel heet is. Neem het vlees uit de zak en rooster het op het vuur tot het mooi bruin is (ongeveer 14 tot 17 minuten). Draai het daarbij regelmatig om. Laat het vlees 5 minuten van het vuur af staan alvorens het aan te snijden.

Varkensvlees Lo Mein

Varkenshaas, mager en veelzijdig, kan toegepast worden in allerlei etnische schotels en
gaat goed samen met tientallen ingrediënten. Deze Lo Mein is een voedzame eenpans-
maaltijd, vol eiwitten, koolhydraten, vitamines en mineralen. Als je alles van tevoren
klaarzet, kost het maar weinig tijd om het
gerecht te bereiden. Vijfkruidenpoeder is te
krijgen in Chinese winkels en toko's. Het is
een mengsel van gemalen specerijen: kaneel,
steranijs, venkel, gember en kruidnagel.

VOEDINGSWAARDE

Calorieën 290	
Proteïne 30 g	
Koolhydraten 24 g	
Totaal vet 8 g	
Verzadigd vet 2 g	
Cholesterol 94 mg	
Vezels 2 g	
Suikers 1 g	
Natrium 335 mg	

Elke portie telt als 1 proteïne,
1 zetmeelrijke koolhydraat en
1 zetmeelarme groente.

4 porties

2 theelepels pindaolie
2 tenen knoflook, in dunne plakjes gesneden
3 eetlepels verse gember, geschild en fijngehakt
400 g varkenshaas, ontdaan van al het zichtbare vet en in dunne reepjes
gesneden
$1/_2$ theelepel vijf kruidenpoeder
3 bosuitjes, in plakjes van 2 cm gesneden
2 kopjes taugé
2 kopjes Japanse *somen* noedels, Chinese einoedels of *udon* noedels, gekookt
2 eetlepels natriumarme sojasaus

❶ Verhit de pindaolie in een wok of koekenpan met anti-aanbaklaag
op middelhoog vuur. Doe de knoflook en gember in de pan en bak ze
ongeveer 20 seconden. Doe dan het vlees in de pan en bak het al roerend 2 minuten bruin.

❷ Strooi het vijfkruidenpoeder over de ingrediënten en schud alles
goed door elkaar. Voeg de uitjes toe en blijf alles al roerend ongeveer 2
minuten doorbakken. Voeg dan de taugé en noedels toe en bak alles
nog eens 1 minuut langer. Schenk de soajsaus erbij en laat alles goed
doorwarmen.

Gegrilde Griekse lamskarbonades

Als je gewend bent voornamelijk rundvlees te eten, verander dat patroon dan eens door lamsvlees te nemen. Het is gemakkelijk klaar te maken en smaakt goed met allerlei kruiden en specerijen, de reden waarom het in veel Mediterrane en Europese landen vaak op tafel staat. In dit recept gebruiken we een combinatie van kruiden die veel toegepast worden in Griekenland. Dien er een simpele salade bij op van tomaat en komkommer met een sausje van citroensap en een klein beetje grof zout.

VOEDINGSWAARDE

Calorieën	223
Proteïne	32 g
Koolhydraten	2 g
Totaal vet	9 g
Verzadigd vet	4 g
Cholesterol	96 mg
Vezels	1 g
Suikers	0 g
Natrium	426 mg

Elke portie telt als 1 proteïne.

4 porties

2 tenen knoflook, geplet en heel fijngehakt
1 eetlepel oregano
2 theelepels theelepel tijm
2 theelepels geraspte citroenschil
1 theelepel zout
$1/2$ theelepel versgemalen zwarte peper
8 lamskarbonades, ontdaan van al het zichtbare vet

❶ Meng knoflook, oregano, tijm, citroenschil, zout en peper in een kom. Wrijf de lamskarbonades er aan beide kanten mee in. Leg de karbonades op een bakplaat of in een ondiepe ovenschaal, dek de schaal af en zet hem 1 uur weg in de koelkast.

❷ Steek de barbecue of gas- of elektrische grill aan. Rooster de karbonades ongeveer 6 tot 9 minuten, afhankelijk van de dikte. Draai ze 1 keer om. Laat ze 5 minuten van het vuur af staan alvorens ze op te dienen.

Een variatie op de klassieke Shepherd's Pie

De Engelse *Shepherd's Pie* is winters en troostrijk. Het vormt een gezonde maaltijd met vitale, hoogwaardige proteïnes en kool-hydraten. Als je diepvriesgroenten gebruikt, ontdooi de erwtjes en worteltjes dan niet van tevoren.

VOEDINGSWAARDE

Calorieën 420	
Proteïne 37 g	
Koolhydraten 21 g	
Totaal vet 21 g	
Verzadigd vet 7 g	
Cholesterol 113 mg	
Vezels 3 g	
Suikers 0 g	
Natrium 508 mg	

Elke portie telt als 1 proteïne en 1 zetmeelrijke koolhydraat.

4 porties

2 grote aardappelen, geschild en in grote blokjes gesneden
2 theelepels canolaolie
1 middelgrote ui, gehakt
500 g mager rundergehakt of rundertartaar
2 theelepels tijm
2 theelepels Worcestershiresaus
2 theelepels volkorenmeel
$1/2$ kopje zoutloze, vetvrije groentebouillon
1 kopje erwtjes en worteltjes, gehakt (eventueel uit de diepvries)
$1/2$ kopje magere melk
2 theelepels dijonmosterd
$1/4$ theelepel zout
$1/4$ theelepel versgemalen zwarte peper
$1/2$ theelepel zoete paprikapoeder

❶ Verwarm de oven voor tot 175 °C.

❷ Breng een grote pan met water aan de kook en doe de aardappel-blokjes erin. Kook ze in ongeveer 12 minuten gaar.

❸ Bereid intussen de vulling. Verhit de olie in een grote, diepe koe-kenpan en bak de ui er ongeveer 2 minuten in tot hij glazig is. Verkrui-mel het gehakt in de pan en bak het al roerend tot het lichtbruin is. Roer de tijm en Worcestershiresaus erdoor en strooi er dan het volko-renmeel overheen. Bak alles goed om en om tot het meel zijn meel-smaakje kwijt is. Roer er een $1/4$ kopje bouillon doorheen en blijf goed roeren tot alles dik begint te worden. Meng er dan de erwtjes en wor-teltjes door en spreid de vulling uit in een vierkante ovenschaal.

❹ Giet de aardappelen af in een schaal of kom. Doe er de melk, mosterd, het zout, de peper en de resterende bouillon bij en stamp de aardappelen tot een romige puree. Dit kan ook gedaan worden met een elektrische mixer. Dek de vulling helemaal af met een laag aardappelpuree en druk de puree aan de randen goed aan met een vork. Strooi er paprikapoeder over.

❺ Bak de pie tot de aardappelpuree een goudbruin kleurtje heeft en hier en daar stoom doorlaat, ongeveer 25 minuten. Laat de pie 5 minuten op kamertemperatuur staan alvorens hem op te dienen.

Geroosterde kip met verse kruiden

Bij ons thuis eten we verschillende keren per week kip en ik moet toegeven dat dat soms gaat vervelen. Daarom proberen we steeds nieuwe manieren uit om kip klaar te maken. Dit recept transformeert een kip in een meesterwerk: het is niet gewoon goed, het is grandioos.

8 porties

VOEDINGSWAARDE	
Calorieën 184	
Proteïne 31 g	
Koolhydraten 3 g	
Totaal vet 5 g	
Vezadigd vet 1 g	
Cholesterol 85 mg	
Vezels 1 g	
Suikers 0 g	
Natrium 241 mg	

Elke portie telt als 1 proteïne.

¹/₄ kopje verse salieblaadjes, fijngehakt
2 eetlepels peterselieblaadjes, fijngehakt
1 eetlepel verse tijmblaadjes, van de takjes geritst
1 theelepel zout
¹/₂ theelepel versgemalen zwarte peper
1 braadkip van ongeveer 1 ¹/₂ kilo, ontdaan van al het zichtbare vet
1 citroen, in vieren gesneden
1 ui, in vieren gesneden
1 stengel bleekselderij, in stukjes van 5 cm gesneden

1 Verwarm de oven voor tot heel heet, 220 °C. Meng in een kom de peterselie, salie, tijm, zout en peper.

2 Maak het vel los van het vlees van de kip door je hand er voorzichtig tussen te wringen, zodat je een ruimte krijgt om het kruidenmengsel in te stoppen. Wrijf de kruiden goed in het borstvlees, maar zorg ervoor dat het vel niet scheurt. Knijp de citroenpartjes uit in de holte van de kip en stop de partjes met de ui en selderij in de buikholte van de kip.

3 Leg de kip met de borst omhoog in een ondiepe ovenschaal of bakplaat op een rooster, zodat hij niet in zijn eigen vet komt te liggen. Rooster de kip tot hij mooi bruin is, ongeveer anderhalf uur. Laat hem 5 minuten op kamertemperatuur staan alvorens hem aan te snijden.

Gebakken kip uit de oven 'Deep South'

Als je van *Southern fried chicken* houdt, meestal gefrituurd, dat volgt hier een bevredigende manier om ervan te genieten zonder je plan om af te vallen op te hoeven geven. Als je deze vetarme versie van de klassieker uit het Zuiden eenmaal regelmatig op het menu hebt gehad, geloof me, dan wil je kip nooit meer op de gebruikelijke manier bereiden.

VOEDINGSWAARDE

Calorieën	265
Prote:ine	38 g
Koolhydraten	17 g
Totaal vet	5 g
Verzadigd vet	1 g
Cholesterol	96 mg
Vezels	2 g
Suikers	2 g
Natrium	218 mg

Elke portie telt als 1 proteïne en ongeveer $1/3$ zetmeelrijke koolhydraat.

6 porties

Pekel: 2 $1/2$ kopje water, gemengd met $1/4$ kopje zout en $1/4$ kopje appelciderazijn
3 grote kipfilets, zonder bot en vel (van ongeveer 250 g per stuk), gehalveerd, of 6 kleinere kipfilets
1 kopje volkoren ontbijtgraan met gerst of krokante muesli of cruesli
1 $1/4$ theelepel chilipoeder
1 theelepel gemalen komijn
1 theelepel gedroogde tijm
1 theelepel uienpoeder
$1/4$ theelepel knoflookpoeder
Het wit van 1 groot ei, losgeklopt met 2 eetlepels water

❶ Verwarm de oven voor tot 175 ˚C. Neem een groot bakblik dat voorzien is van een anti-aanbaklaag.

❷ Leg de kipfilets in de pekel, roer alles goed door elkaar en zet ze 15 minuten apart op kamertemperatuur. (De pekel zorgt ervoor dat de filets tijdens het bakken stevig blijven.) Meng op een bord het ontbijtgraan, chilipoeder, komijn, tijm, ui- en knoflookpoeder.

❸ Haal de filets uit de pekel en dep ze droog met keukenpapier. Doop ze eerst in het eiwit, laat het overtollige ervanaf druipen en haal de filets dan een voor een door het granen-kruidenmengsel, zodat ze aan beide kanten gepaneerd worden. Leg ze op de bakplaat.

❹ Bak de filets tot de buitenkant knapperig is, in ongeveer 25 tot 30 minuten. Laat ze 2 tot 3 minuten op kamertemperatuur rusten alvorens ze aan te snijden.

Kipfilet met abrikozen

Kip gaat heel goed samen met fruit en dat schept allerlei mogelijkheden voor variatie. In dit gerecht wordt de smaak van de kip gecomplementeerd door abrikozen. Een waarschuwing: als je ingevroren kip koopt, kijk dan goed naar de verpakking. Sommige producten worden geïnjecteerd met een zoutoplossing zodat ze een hoog natriumgehalte bevatten. Gebruik verse rozemarijn, want gedroogde krijgt in dit gerecht niet de tijd om zacht te worden.

VOEDINGSWAARDE	
Calorieën 222	
Proteïne 36 g	
Koolhydraten 5 g	
Totaal vet 6 g	
Verzadigd vet 1,4 g	
Cholesterol 96 mg	
Vezels 1 g	
Suikers spoortje	
Natrium 127 mg	

Elke portie telt als 1 proteïne.

6 porties

10 gedroogde halve abrikozen
1 kopje zoutarme, vetvrije groentebouillon
2 theelepels gehakte verse rozemarijn
2 theelepels appelciderazijn
2 theelepels natriumarme sojasaus
$1/4$ theelepel versgemalen zwarte peper
2 theelepels olijfolie
3 grote kipfilets, gehalveerd en zonder bot en vel, of 6 kleinere filets

❶ Verwarm de oven voor tot 180 ˚C.

❷ Doe de abrikozen, bouillon, azijn, sojasaus, rozemarijn en peper in een steelpan en breng ze aan de kook. Neem de pan van het vuur en laat het mengsel 10 minuten afkoelen tot de abrikozen zacht zijn.

❸ Doe het abrikozenmengsel in de keukenmachine of in een grote blender. Voeg de olijfolie toe en pureer alles goed.

❹ Leg de kipfilets naast elkaar in een ovenschaal of op een bakplaat en bedek ze met het abrikozenmengsel. Braad ze 10 minuten zonder ze aan te raken en vervolgens nog eens 15 minuten terwijl je de filets af en toe bedruipt met het vocht in de pan, tot de kip gaar is en goudbruin. Laat de filets 5 minuten op kamertemperatuur staan alvorens ze aan te snijden.

Marokkaanse kip

Dit recept is geïnspireerd door de Marokkaanse keuken. Het is een kipschotel met een
uitgesproken smaak. Er worden spruitjes in
gebruikt, ook zo'n groente die helpt tegen
kanker. Als je van pittig houdt, doe er dan
een chilipepertje bij, of wat harissa, de Tune-
sische sambal.

4 porties

VOEDINGSWAARDE	
Calorieën 297	
Proteïne 39 g	
Koolhydraten 24 g	
Totaal vet 5 g	
Verzadigd vet 1 g	
Cholesterol 96 g	
Vezels 2,5 g	
Suikers 7 g	
Natrium 374 mg	

2 grote kipfilets, of 4 kleine, ontdaan van bot en vel en in stukjes gesneden
2 theelepels gemalen komijn
1 theelepel kaneelpoeder
$^3/_4$ theelepel zout
$^1/_2$ theelepel kurkuma (koenjit)
$^1/_2$ theelepel gemberpoeder
$^1/_2$ theelepel versgemalen zwarte peper
1 grote zoete aardappel, geschild en in blokjes gesneden
20 verse spruitjes, ontdaan van de taaie buitenste blaadjes
$^1/_4$ kopje rozijnen
$^1/_4$ kopje zoutloze, vetvrije groentebouillon

❶ Verwarm de oven voor tot 180 ˚C.
❷ Leg de kipstukjes in een grote kom en doe de specerijen erbij.
Keer ze om en om zodat de specerijen goed in de kip trekken. Hevel de
kip over naar een braadpan en voeg de zoete aardappel, spruitjes,
rozijnen en bouillon toe.
❸ Dek de pan af, roer alles nog eens goed door elkaar en laat het
gerecht in ongeveer 1 uur gaar stoven. Laat het 5 minuten staan op
kamertemperatuur alvorens het op te dienen.

Gestoofde kip Franse stijl

Deze enigszins aangepaste Franse klassieke schotel bevat alledrie: kip, groenten en fruit. Het resultaat is een hoofdgerecht vol voedingswaarde, eiwitten en vezels. Vezels komen veel voor in groenten en fruit en bieden naar men denkt bescherming tegen obesitas, hartkwalen, suikerziekte en sommige vormen van kanker.

4 porties

2 theelepels olijfolie
8 kleine kipkarbonades, zonder bot en vel, gehalveerd
1 kleine ui, gehakt
350 g champignons, schoongeveegd en dik gesneden
18 mini-worteltjes (ruim 200 g)
20 ontpitte pruimen (ruim 100 g)
2 theelepels tijm
1 theelepel rozemarijn
$\frac{1}{2}$ theelepel zout
$\frac{1}{4}$ theelepel versgemalen zwarte peper
$\frac{1}{2}$ kopje zoutloze, vetarme kippenbouillon
2 theelepels volkorenmeel

VOEDINGSWAARDE	
Calorieën 363	
Proteïne 40 g	
Koolhydraten 37 g	
Totaal vet 7 g	
Verzadigd vet 2 g	
Cholesterol 96 mg	
Vezels 6 g	
Suikers 0 g	
Natrium 340 mg	

Elke portie telt als 1 proteïne, 1 zetmeelarme groente en 1 fruit.

❶ Verhit de olie in een hapjespan op middelhoog vuur. Bak de kip aan beide kanten bruin, ongeveer 2 minuten. Leg de kip op een bord.

❷ Doe nu de ui in de pan en bak hem tot hij glazig is, ongeveer 2 minuten. Doe de champignons erbij en bak ze tot ze hun vocht loslaten. Voeg dan de worteltjes, de pruimen, tijm, rozemarijn, peper en het zout toe. Bak alles nog 1 minuut tot de aroma's vrijkomen. Schenk er tot slot de bouillon bij en schraap alle aanbaksel van de bodem van de pan.

❸ Leg de kip en het vocht wat eruit is gelopen weer in de pan. Breng alles aan de kook en doe het deksel op de pan. Laat de kip in ongeveer 25 minuten gaarstoven. Af en toe roeren.

❹ Neem het deksel van de pan en strooi het volkorenmeel over de kip. Roer het door de saus en laat even inkoken. Meteen opdienen.

'Arroz con pollo'

Rijst met kip, zoals deze schotel heet, is een klassiek Spaans gerecht dat, aangevuld met groenten en bruine rijst, erg gezond is voor het hart. Saffraan geeft de schotel een karakteristiek Spaanse tintje.

VOEDINGSWAARDE

Calorieën	354
Proteïne	40 g
Koolhydraten	33 g
Totaal vet	7 g
Verzadigd vet	2 g
Cholesterol	96 mg
Vezels	3 g
Suikers	0 g
Natrium	238 mg

Elke portie telt als 1 proteïne, 1 zetmeelarme groente en 1 zetmeelrijke koolhydraat.

6 porties

2 theelepels olijfolie
12 kleine kipkarbonades, zonder bot en vel, gehalveerd (ongeveer 750 g in totaal)
1 kleine ui, gehakt
2 tenen knofllok, fijngehakt
1 blik tomaatblokjes, zonder toegevoegd zout
1 $\frac{1}{2}$ kopje water
1 theelepel oregano
1 theelepel tijm
1 theelepel zoete paprikapoeder
$\frac{1}{2}$ theelepel zout
$\frac{1}{4}$ theelepel versgemalen zwarte peper
$\frac{1}{8}$ theelepel saffraandraadjes (facultatief)
1 laurierblad
1 kopje ongekookte bruine rijst
1 kopje verse erwtjes, of uit de diepvries, ontdooid

❶ Verwarm de oven voor tot 175 °C.

❷ Verhit de olie in een geëmailleerde gietijzeren braadpan of een andere vuurvaste pan met deksel en doe de kipstukken erin. Bak ze in 2 minuten aan beide kanten bruin. Leg ze op een bord en houd ze apart.

❸ Doe de ui en knoflook in de pan en fruit ze 2 minuten tot ze zacht zijn. Voeg de tomaten en het water toe en schraap en roer alles goed van de bodem los. Doe alle kruiden erbij en breng alles aan de kook. Zet het vuur laag en roer vervolgens de rijst in de pan; leg dan de kipstukken erbovenop en doe het vocht dat eruit is gelopen erbij.

❹ Dek de pan af en zet hem 1 uur in de oven, tot de rijst gaar is.

Strooi de erwtjes erbovenop, dek de pan weer af en laat hem nog 5 minuten in de oven staan. Goed roeren en het laurierblad verwijderen. Meteen opdienen.

Kalkoen-groentesoep

Soep is een van de meest hoogwaardige voedingsmiddelen. Gedragswetenschappers kwamen in talloze experimenten tot de conclusie dat soep de honger onderdrukt en calorie-inname onder controle houdt. Waarom? Dat komt omdat je er meestal lang over doet om hem op te eten, waardoor de maaltijd wordt uitgerekt en het lichaam de tijd heeft om hongersignalen te verwerken. Ook voel je je voller na het eten van soep, omdat het veel ruimte in je maag in beslag neemt. De kans wordt daardoor kleiner dat je nog meer wilt eten (zoals een toetje). Uiteindelijk eet je dus veel minder wanneer er soep op het menu staat. Hier volgt een populaire maaltijdsoep, bereid met vijf verschillende groenten.

VOEDINGSWAARDE
Calorieën 117
Proteïne 15 g
Koolhydraten 11 g
Totaal vet 2 g
Verzadigd vet spoortje
Cholsterol 28 mg
Vezels 3 g
Suikers 0 g
Natrium 395 mg

Elke portie telt als $^1/_2$ proteïne en 1 zetmeelarme groente.

6 porties

anti-aanbakspray
1 middelgrote ui, gehakt
4 stengels bleekselderij, dungesneden (ongeveer 2 kopjes)
3 middelgrote wortels, dungesneden (ongeveer 2 kopjes)
3 kopjes champignons, schoongeveegd en dungesneden
2 middelgrote tomaten, ontpit en in stukjes gesneden (ongeveer $^3/_4$ kopje)
250 g gekookte kalkoenfilet, in blokjes gesneden
1 theelepel gedroogde tijm
1 eetlepel gedroogde dille
4 kopjes zoutloze, vetvrije kippenbouillon
$^1/_2$ theelepel zout

❶ Spuit een grote pan in met anti-aanbakspray en zet hem op middelhoog vuur. Doe de ui, selderij en wortel in de pan en bak ze al roerend tot ze zacht en aromatisch worden, ongeveer 3 minuten. Voeg de champignons en tomaten bij en laat alles zachtjes bakken tot de champignons hun vocht vrijgeven.

❷ Doe de kalkoen erbij in de pan en bak het vlees even mee tot het lichtbruin is. Voeg de kruiden toe en kook alles samen nog 20 seconden. Schenk er dan de bouillon bij en roer alles goed los van de bodem van de pan. Zet het deksel op de pan, draai het vuur omlaag en laat de soep een half uur pruttelen, tot de groenten gaar zijn en hij lekker geurig is. Breng hem op smaak met zout en dien hem meteen op.

Heilbot en papillottes

Het idee dat vis niet lekker is tenzij hij wordt gebakken, is belachelijk. Toch geloven veel mensen met wie ik aan hun gewichtsproblemen heb gewerkt dat. Zij betalen daardoor een hoge prijs wat hun gewicht en hun gezondheid betreft. Doe jezelf alsjeblieft een gunst: open je ogen voor alle mogelijkheden voor het bereiden van vis en schaaldieren. Met dit recept, en de andere die volgen, kun je alvast een start maken.

VOEDINGSWAARDE	
Calorieën 194	
Proteïne 32 g	
Koolhydraten 8 g	
Totaal vet 4 g	
Verzadigd vet 0,5 g	
Cholesterol 46 mg	
Vezels 2 g	
Suikers 0 g	
Natrium 497 mg	

Elke portie telt als 1 proteïne en 1 zetmeelarme groente.

Het bakken van vis in pakketjes, zoals we nu gaan doen, is een volmaakte manier om alle verborgen aroma's naar boven te halen. Ben je bang voor graten? Loop dan met je vingers zorgvuldig over het oppervlak van de filets om na te gaan of er nog graten in zijn achtergebleven. Voor het beste resultaat moet je filets nemen zonder vel. Heb je wel filets met vel maak dan drie schuine inkepingen in het vel, zonder de vis helemaal door te snijden.

4 porties

4 ontvelde heilbotfilets van elk 150 g, of gefileerde witte vis zoals zeebaars, red snapper of tilapia
12 cherrytomaatjes, gehalveerd
4 artisjokkenharten, uit blik, op water, uitgelekt, afgespoeld en gehalveerd
1 kleine courgette, in stukjes gesneden (ongeveer 1 kopje)
1 groene paprika, in dunne reepjes gesneden
6 theelepels versgeperst citroensap
2 eetlepels plus 2 theelepels gehakte verse dille, of 2 theelepels gedroogde dille
1 theelepel zout
$1/_2$ theelepel versgemalen zwarte peper

❶ Verwarm de oven voor tot 260 °C.
❷ Leg elke visfilet op een stuk bakpapier of aluminiumfolie van 40 cm lang.
Leg op elke filet 6 halve tomaatjes, 2 halve artisjokharten en $1/_4$ van de

courgette en de paprika. Besprenkel het geheel met een beetje citroen-sap, 2 theelepels verse dille of $^1/_2$ theelepel gedroogde dille, $^1/_4$ theele-pel zout en $^1/_8$ theelepel peper. Vouw de pakketjes dicht en knijp de folie goed samen aan de randen. Leg ze op een bakplaat.

❸ Bak de pakketjes 12 minuten in de voorverwarmde oven. Leg ze op dienborden en laat ze 2 tot 3 minuten staan alvorens ze op te die-nen. (Omdat er hete stoom uitkomt als je de pakketjes openmaakt, is het verstandig om dat voor de kinderen te doen.)

Zalm met dijonmosterd uit de oven

Weinig soorten vis zitten zo vol met gezonde omega-3-vetzuren als zalm. Twee porties per week verschaffen meer dan genoeg van de hoeveelheid die aanbevolen wordt voor je gezondheid. Volgens nieuw dieetonderzoek verbetert het eten van meer zalm, maar ook van tonijn, makreel of kabeljauw, je metabolisme, waardoor je afvalt.

VOEDINGSWAARDE	
Calorieën 249	
Proteïne 26 g	
Koolhydraten 2 g	
Totaal vet 15 g	
Verzadigd vet 3 g	
Cholesterol 72 mg	
Vezels spoortje	
Suikers 0 g	
Natrium 128 mg	

Elke portie telt als 1 proteïne.

4 porties

1 eetlepel hele zwarte peperkorrels
1 eetlepel gedroogde dille
$1/4$ theelepel vergeraspte nootmuskaat
4 zalmfilets van 150 g elk
2 eetlepels plus 2 theelepels dijonmosterd
anti-aanbakspray

❶ Verwarm de oven voor tot 260 ˚C. Zet een ondiepe ovenschaal of bakplaat in de oven en laat hem heel heet worden terwijl je de zalm voorbereidt.

❷ Doe de peperkorrels in een vijzel en stamp ze tot ze grof geplet zijn. Meng de peper met de dille en nootmuskaat in een kom.

❸ Leg de zalmfilets op een schoon werkvlak of een plank met het vel omlaag. Besmeer elke filet gelijkmatig met 2 theelepels mosterd en besprenkel ze vervolgens met het pepermengsel.

❹ Doe een ovenwant aan en neem de hete bakplaat uit de oven. Spuit er een dunne laag anti-aanbakspray op. Gebruik een metalen spatel om de zalmfilets met het vel omlaag op de bakplaat te leggen. Zet de bakplaat weer in de oven en rooster de filets ongeveer 10 minuten, tot ze gaar zijn. (Je kunt met de punt van een mes het vlees van de vis een beetje openmaken, om te zien of de filets vanbinnen niet meer doorschijnend. Kook ze echter niet te lang, want dan worden ze droog.) Dien ze meteen op.

Gepocheerde kabeljauw met ananassalsa

De meeste visrecepten, zoals dit, vergen weinig tijd en weinig kookvaardigheid. Meer vis eten is natuurlijk een uitstekende manier om je gewicht in de juiste richting te sturen, en het kan de kwaliteit van je leven verbeteren. Dit gerecht wordt in een op fruit gebaseerde saus gepocheerd. De saus heeft een natuurlijke zoetheid. Er komt een snel te bereiden salsa bovenop.

VOEDINGSWAARDE	
Calorieën 175	
Proteïne 26 g	
Koolhydraten 14 g	
Totaal vet 1 g	
Verzadigd vet spoortje	
Cholesterol 62 mg	
Vezels 1 g	
Suikers spoortje	
Natrium 94 mg	

Elke portie telt als 1 proteïne en ongeveer $\frac{1}{2}$ fruit.

4 porties

1 kopje ongezoet ananassap
$\frac{1}{2}$ theelepel komijnzaad
$\frac{1}{4}$ theelepel kaneelpoeder
$\frac{1}{4}$ theelepel fijngewreven rode chilipeper
1 stuk kabeljauwfilet van 500 g, gehalveerd
2 eetlepels rode ui, gehakt
1 kopje verse ananas, in stukjes gesneden, of 1 klein blikje ananas op ongezoet sap, uitgelekt
2 eetlepels verse koriander, gehakt

❶ Doe het ananassap, de komijn, de kaneel en chilipeper in een hapjespan en breng ze op middelhoog vuur aan de kook. Zet het vuur lager en laat alles 5 minuten pruttelen in de open pan.

❷ Doe de kabeljauwfilet erbij, zet het deksel op de pan en stoof ze gaar op een laag vuur (ongeveer 8 minuten). Neem de filets voorzichtig uit de pan en leg ze op een dienbord. Dek ze af met een ruime tent van folie.

❸ Doe de ui bij de saus, zet het vuur hoog en kook het vocht ongeveer 5 minuten in. Doe de ananasstukjes erin en de koriander en laat alles 30 seconden opwarmen. Lepel de saus over de filets en dien ze op. Elke halve filet is genoeg voor 2 personen.

Garnalen met teriyakisaus

Dit is een manier om (cocktail)garnalen te bereiden die hoog op je menulijstje zou moeten staan. Dit recept is laag in bijna alles, behalve voedingswaarde. Bovendien handhaaft dit recept precies de juiste balans tussen de pittige teriyakisaus en de zoete ananas.

4 porties

625 g grote garnalen, gepeld en schoongemaakt
¼ kopje teriyakisaus uit een flesje
8 satéstokjes
1 groene paprika, in stukjes gesneden
1 rode ui, in partjes gesneden
1 kopje ongezoete ananasstukjes, uit blik, uitgelekt

VOEDINGSWAARDE

Calorieën 162	
Proteïne 25 g	
Koolhydraten 12 g	
Totaal vet 1 g	
Verzadigd vet spoortje	
Cholesterol 221 mg	
Vezels 2 g	
Suikers 2 g	
Natrium 400 mg	

Elke portie telt als 1 proteïne, 1 zetmeelarme groente en ½ fruit.

1 Roer de garnalen door de teriyakisaus in een grote kom. Dek ze af en zet hem 1 uur in de koelkast. Roer na een half uur nog een keer. Laat de satéstokjes intussen weken in een groot glas water.

2 Verwarm de grill van de oven voor.

3 Rijg de garnalen, paprikastukjes, uipartjes en ananasstukjes om en om aan de satéstokjes. Wikkel de uiteinden van de stokjes in aluminiumfolie, zodat ze niet vlamvatten. Leg de stokjes in een vuurvaste schaal of bakplaat, eventueel bedekt met aluminiumfolie of anti-aanbakspray.

4 Grill de garnalenstokjes ongeveer 15 cm onder de grill tot de garnalen roze beginnen te worden, ongeveer 2 minuten. Draai ze om en blijf grillen tot de garnalen gaar en roze zijn. Dien ze meteen op.

Crab chowder

Dit is beslist de beste, en romigste, *crab chowder* die ik ooit heb geproefd en je zou nooit raden dat hij zonder room is gemaakt. Vetvrij melkpoeder en een kleine geraspte aardappel vervangen de room en zijn even effectief voor het binden van de soep, maar dan zonder verzadigd vet. Het is een geweldige manier om iets gezonds klaar te maken voor jezelf, je gezin en je gasten.

6 porties

2 theelepel canolaolie
1 middelgrote ui, gehakt
3 stengels bleekselderij, dungesneden
1 $\frac{1}{2}$ kopje maïskorrels, uit de diepvries, ontdooid
1 theelepel gedroogde tijm
$\frac{1}{2}$ theelepel zout
$\frac{1}{4}$ theelepel versgemalen zwarte peper
2 kopjes ongezouten, vetvrije groentebouillon
1 kopje magere melkpoeder
1 laurierblad
1 middelgrote aardappel (ca 110 g), geschild
400 g krabvlees, zonder schaal of kraakbeen
$\frac{1}{4}$ kopje verse koriander, gehakt
3-4 scheutjes tabascosaus (facultatief)

VOEDINGSWAARDE

Calorieën	180
Proteïne	16 g
Koolhydraten	22 g
Totaal vet	3 g
Verzadigd vet	spoortje
Cholesterol	46 mg
Vezels	2 g
Suikers	0 g
Natrium	389 mg

Elke portie telt als $\frac{1}{2}$ proteïne, 1 zetmeelarme groente, $\frac{1}{2}$ zetmeelrijke koolhydraat en ca $\frac{1}{3}$ mager zuivelproduct.

❶ Verhit de olie in een soeppan op middelhoog vuur. Doe de ui en selderij in de pan en bak ze al roerend ongeveer 3 minuten tot ze zacht beginnen te worden. Voeg de maïs toe en dan de tijm, het zout en de peper en bak alles nog 20 tellen door tot de aroma's vrijkomen. Giet de bouillon in de pan met het melkpoeder en doe het laurierblad erbij. Roer de soep goed, dek de pan af en laat alles 5 minuten pruttelen op een laag vuur.

❷ Rasp de aardappel direct in de soep met een ouderwetse handrasp. Roer hem goed door de soep, dek de pan weer af en laat alles nog eens 5 minuten zachtjes pruttelen tot de chowder dik wordt.

❸ Voeg de krab en koriander toe en kook alles tot de krab is opge-warmd, ongeveer 1 minuut. Voeg de scheutjes tabascosaus toe en dien de chowder meteen op.

Drie-bonen-chili

Chili is het officiële gerecht van de staat Texas. Deze versie is echter geen traditionele Texaanse chili, want in Texas zitten er geen bonen in de chili. Dit recept is het omgekeerde: alleen bonen en geen vlees. Bovendien is het ook niet zo allemachtig heet als de meeste Texas-chili's, die je in de koelkast moet opbergen omdat anders het huis in brand vliegt. De drie verschillende soorten bonen maken er een hoogwaardige vegetarische schotel van, stampvol vezels (een natuurlijke hulp bij het onder controle houden van je gewicht), vitamine B, potassium, magnesium, fosfor en zink. Als je liever maar één soort bonen gebruikt, neem dan drie kopjes rode kidneybonen. Door het laten uitlekken en afspoelen van bonen uit blik ben je meteen het onnodige extra zout kwijt.

VOEDINGSWAARDE

Calorieën	172
Proteïne	8 g
Koolhydraten	34 g
Totaal vet	3 g
Verzadigd vet	spoortje
Cholesterol	0 mg
Vezels	8 g
Suikers	2 g
Natrium	660 mg

Elke portie telt als 1 vegetarische proteïne (of 1 zetmeelrijke koolhydraat) en 1 zetmeelarme groente.

6 porties

2 theelepels olijfolie

1 grote ui, gehakt

2 stengels bleekselderij, dungesneden

1 grote groene paprika, gehakt

2 tenen knoflook, fijngehakt of gestampt

2 eetlepels chilipoeder

2 theelepels gemalen komijn

1 blik tomaten in blokjes (zonder toegevoegd zout)

1 kopje witte bonen uit blik, uitgelekt en afgespoeld

1 kopje pintobonen uit blik, uitgelekt en afgespoeld

1 kopje rode kidneybonen uit blik, uitgelekt en afgespoeld

2 kopjes zoutloze, vetvrije groentebouillon

1 middelgrote zoete aardappel, geschild

$\frac{1}{2}$ theelepel zout

❶ Verhit de olie in een grote pan op middelhoog vuur. Doe de ui, selderij en paprika erin en bak ze al roerend 3 minuten, tot ze zacht beginnen te worden. Voeg de knoflook toe en bak nog eens 30 seconden; doe er dan de chilipoeder en komijn bij. Bak de specerijen 20 minuten mee, tot alles zijn aroma vrijgeeft.

❷ Doe de tomatenblokjes, de bonen en de bouillon in de pan en draai het vuur laag.

❸ Rasp de zoete aardappel direct in de pan bij de chili. Zet het deksel erop en laat alles ongeveer 40 minuten pruttelen op een laag vuur. Roer het zout erdoor en laat alles op kamertemperatuur 5 minuten staan alvorens de chili op te dienen.

Macaroni met kaas

Een gerecht waar elk lid van de familie van houdt in een lichtere, gezondere versie, die net zo romig is als zijn traditionele tegenhanger, maar zonder onnodige extra calorieën en verzadigde vetten. Het wordt gemaakt met volkorenpasta, een hoogwaardig koolhydraat die, in tegenstelling tot de gewone soort, niet is ontdaan van zijn voedingswaarde. De artisjokken voegen niet alleen vezels toe, maar ook extra vulling (let er wel op dat je artisjokken op water koopt en niet op olie).

VOEDINGSWAARDE

Calorieën 183	
Proteïne 18 g	
Koolhydraten 27 g	
Totaal vet spoortje	
Verzadigd vet spoortje	
Cholesterol 10 mg	
Vezels 2 g	
Suikers 0 g	
Natrium 443 mg	

Elke portie telt als 1 mager zuivelproduct, 1 zetmeelrijke koolhydraat en 1 zetmeelarme groente.

6 porties

anti-aanbakspray
2 kopjes magere melk
1 eetlepel volkorenmeel
175 g vetarme kaas, jong of belegen
1 1/2 theelepel uienpoeder
1/2 theelepel knoflookpoeder
1/2 theelepel paprikapoeder
1/2 theelepel zout
1/4 theelepel geraspte nootmuskaat
1/4 theelepel versgemalen zwarte peper
8 artisjokkenharten uit blik, uitgelekt, afgespoeld en grof gehakt
3 kopjes gekookte volkorenmacaroni

❶ Verwarm de oven voor tot 175 °C. Spuit een diepe ovenschaal in met anti-aanbakspray en zet hem apart.

❷ Verhit de melk in een grote steelpan op middelhoog vuur. Klop het volkorenmeel erdoor zodra er kleine belletjes aan de rand van de melk verschijnen. Blijf kloppen terwijl de melk dik wordt, ongeveer 20 seconden. Roer de kaas erdoorheen en blijf roeren tot hij is gesmolten en het een glad mengsel is geworden.

❸ Voeg de uienpoeder, knoflookpoeder, paprika, het zout, de noot-

muskaat en peper toe en dan de artisjokken en macaroni. Laat he
even koken zodat alles is opgewarmd, ongeveer 30 seconden.

❹ Schep het mengsel in de ovenschaal en druk het goed aan. Bak
het in de oven ongeveer 20 minuten, tot het borrelt en lichtbruin is
Laat het 5 minuten staan alvorens het op te dienen.

Linzen met kerrie

Dit vullende vegetarische hoofdgerecht draait om linzen, een voedingsmiddel dat stampvol voedingswaarde zit. Linzen zijn een rijke bron van natuurlijk ijzer en vezels en bevatten vrijwel geen vet. Verder wordt de voedingswaarde in dit gerecht nog verhoogd door andere vitale, hoogwaardige zaken als appels en verschillende groenten, waaronder Chinese kool, bekend om zijn hoge gehalte aan vitamine C.

VOEDINGSWAARDE

Calorieën 212	
Proteïne 15 g	
Koolhydraten 39 g	
Totaal vet 1 g	
Verzadigd vet spoortje	
Cholesterol 0 mg	
Vezels 17 g	
Suikers 0 g	
Natrium 208 mg	

Elke portie telt als 1 vegetarische proteïne (of 1 zetmeelrijke koolhydraat) en 1 zetmeelarme groente. De hoeveelheid fruit in dit recept is te verwaarlozen.

8 porties

2 theelepels kerriepoeder
4 kopjes zoutloze, vetvrije groentebouillon
2 kopjes gedroogde groene linzen, afgespoeld
1 grote ui, gehakt
2 pastinaken, geschild en gehakt (ongeveer 1 kopje)
2 zure appels, zoals Granny Smith of Elstar, klokhuis verwijderd, geschild en grof gehakt
5 kopjes in reepjes gesneden Chinese kool
1 theelepel zout
$\frac{1}{2}$ theelepel versgemalen zwarte peper

❶ Verhit de kerriepoeder in een grote pan op een middelhoog vuur tot het heerlijk ruikt, ongeveer 10 seconden. Giet dan de bouillon in de pan, en voeg de linzen, uien, pastinaken en appels toe. Zet het vuur laag en laat alles pruttelen.

❷ Leg de gesneden kool boven op de pruttelende linzen. Dek de pan af en laat alles nog 10 minuten onaangeraakt stoven.

❸ Strooi het zout en de peper over de linzen en roer de kool erdoor. Dek de pan weer af en laat alles stoven tot de linzen gaar zijn en het geheel een beetje is ingedikt, ongeveer 30 minuten.

❹ Neem 1 kopje van het stoofgerecht uit de pan en pureer dat in de keukenmachine of met een staafmixer. Doe het terug in de pan en roer de puree goed door de stoofschotel. Laat alles nog 1 minuut door en door opwarmen en serveer het direct.

NB: Kerriepoeder is in feite een mengsel van verschillende specerijen niet een individuele specerij. Daardoor bestaan er honderden verschillende soorten kerriepoeder. Je kunt een standaard merk uit de super markt kopen, die meestal knalgeel ziet van de kurkuma (koenjit) maar je kunt ook in speciaalzaken een aantal verschillende soorten uitproberen (sommige zijn heel heet).

Enchiladas met snijbiet

Enchiladas zijn de spil van de Tex-Mex-keuken, een keuken die diep geworteld is in de culturen van Texas en Mexico. Dit recept is een heerlijke vegetarische versie met de ongebruikelijke toevoeging van snijbiet, een groente die zo hooggewaardeerd wordt om zijn vitamine- en mineralengehalte dat men het op ruimtestations laat kweken. Als je bovendien je eigen barbecuesaus maakt, vermijd je daarmee de fatale, ongezonde zoete versies uit de supermarkt.

VOEDINGSWAARDE

Calorieën	154
Proteïne	9 g
Koolhydraten	18
Totaal vet	4,5 g
Verzadigd vet	1 g
Cholesterol	6 mg
Vezels	2 g
Suikers	3 g
Natrium	439 mg

Elke portie telt als 1 zetmeelrijke koolhydraat, 1 zetmeelarme groente en 1 mager zuivelproduct.

4 porties

- 2 theelepels canolaolie
- 1 middelgrote ui, gehakt
- 2 tenen knoflook, fijngehakt
- 3 eetlepels ongezoet geconcentreerd appelsap (diksap), eventueel uit de diepvries, ontdooid
- 1 eetlepel tomatenpuree
- 1 eetlepel rozijnen
- 1/2 theelepel gemalen komijn
- 1/2 theelepel gedroogde oregano
- 1/2 theelepel zout
- 1/4 theelepel versgemalen zwarte peper
- 2-3 scheutjes tabascosaus
- 500 g snijbiet (of spinazie), grofgehakt (4 kopjes, stevig aangedrukt)
- 4 grote maïstortilla's
- 125 g vetarme kaas naar smaak, jong, belegen of ouder, geraspt

1 Verwarm de oven voor tot 175 °C.

2 Verhit de olie in een grote koekenpan op middelhoog vuur. Doe de ui erin en fruit hem tot hij glazig is, ongeveer 2 minuten. Bak de knoflook dan 30 seconden mee.

3 Roer het diksap en de tomatenpuree erdoor en blijf roeren tot de puree is opgelost. Zet het vuur laag en roer dan de rozijnen, komijn,

oregano, peper, het zout en de tabasco door het mengsel.

❹ Voeg de groente toe, dek de pan af en laat alles pruttelen tot de groente is geslonken, ongeveer 3 minuten. Roer alles goed door elkaar zet het deksel op de pan en haal de pan van het vuur.

❺ Leg een tortilla op een schone, droge snijplank. Lepel $\frac{1}{2}$ kopje van de groentevulling in het midden van de tortilla en rol hem op. Herhaal deze handeling met de andere tortilla's en leg ze in een ovenschaal waarin ze net naast elkaar passen. Strooi de kaas over de enchiladas zodat ze helemaal bedekt zijn.

❻ Bak de enchiladas tot ze goed heet zijn en de kaas lichtbruin is geworden, ongeveer 20 minuten. Laat alles 5 minuten op kamertemperatuur staan.

Spaghettipompoen met champignon-marinarasaus

Als je gewend bent veel pasta te eten, maar het vervelend vind dat je er zo van aankomt, biedt de spaghettipompoen een gezonde uitweg. Deze pompoensoort bestaat vanbinnen uit slierten die je met een vork lostrekt en die op dezelfde manier verwerkt kunnen worden als spaghetti, zonder het hoge aantal calorieën dat bij pasta hoort. Dit recept wordt gemaakt met een snelle champignon-marinarasaus.

VOEDINGSWAARDE

Calorieën	156
Proteïne	4 g
Koolhydraten	26 g
Totaal vet	5 g
Verzadigd vet	1 g
Cholesterol	0 mg
Vezels	3 g
Suikers	0 g
Natrium	527 mg

Elke portie telt als 1 zetmeel-arme groente.

6 porties

1 grote spaghettipompoen of 2 kleinere (totaal 1 ³/₄ kilo)
60 g gedroogde paddestoelen, liefst shi-itake of eekhoorntjesbrood (cèpes of porcini)
1 kopje kokend water
1 pot kant-en-klare marinarasaus (3 kopjes)

❶ Verwarm de oven voor tot 175 °C.

❷ Prik vijf keer met een vork in de spaghettipompoen (tegen het exploderen), leg hem op een bakplaat en bak hem in anderhalf uur gaar.

❸ Week intussen de gedroogde paddestoelen in een kopje kokend water, ongeveer 15 minuten.

❹ Laat de paddestoelen uitlekken, maar bewaar het vocht. Als er veel zand in zit, zeef het dan door een fijne zeef, doek of keukenpapier.

❺ Hak de paddestoelen fijn, maar gooi eventuele harde steeltjes of stukjes weg. Zet ze met hun vocht in een steelpannetje op middelhoog uur en laat ze zachtjes koken tot het vocht gehalveerd is, ongeveer 5 minuten. Roer de marinarasaus erbij en laat hem goed doorwarmen, ongeveer 2 minuten.

❻ Laat de pompoen, zodra hij zacht is, 10 minuten op kamertemperatuur afkoelen. Snijd hem doormidden, schraap de zaadjes eruit en gooi ze weg. Gebruik een vork om de draden los te trekken en laat ze in een grote kom vallen. Doe de saus erover en roer alles door elkaar.

Courgettelasagne

Als je van Italiaanse afkomst bent of gewoon veel van Italiaans eten houdt, betekent het feit dat je moet afvallen niet dat je die eetcultuur hoeft op te geven. Het is echter wel noodzakelijk om enige veranderingen aan te brengen, zodat de uitwerking van vetbevorderende geraffineerde koolhydraten in je dieet een tegenwicht krijgt. Probeer deze smaakvolle, pastaloze courgettelasagne eens als positieve stap in de richting van het onder controle houden van het aantal calorieën en dus je gewicht.

VOEDINGSWAARDE	
Calorieën 317	
Proteïne 32 g	
Koolhydraten 14 g	
Totaal vet 15 g	
Verzadigd vet 5 g	
Cholesterol 65 mg	
Vezels 3 g	
Suikers 7 g	
Natrium 823 mg	

Elke portie telt als $\frac{1}{2}$ proteïne, 1 zetmeelarme groente en 1 mager zuivelproduct.

8 porties

3 grote courgettes, gewassen maar niet geschild
2 theelepels zout, of minder, naar smaak
2 theelepels olijfolie
4 tenen knoflook, fijngehakt of geperst
1 theelepel venkelzaad
$\frac{1}{4}$ theelepel gekneusde rode pepertjes
500 g mager rundergehakt
1 pot marinarasaus (3 kopjes)
anti-aanbakspray
1 $\frac{1}{2}$ kopje vetvrije ricotta
125 g geraspte magere kaas
$\frac{1}{4}$ vloeibaar eisubstituut
1 theelepel versgeraspte nootmuskaat
1 eetlepel volkorenpaneermeel of gedroogde broodkruimels
2 eetlepels versgeraspte parmezaanse kaas

❶ Gebruik een kaasschaaf om de courgettes in de lengte in repen te snijden. Leg een laag keukenpapier op een schoon, droog aanrecht en leg de courgetterepen er in een enkele laag op; bestrooi beide kanten licht met zout en laat ze 15 minuten op kamertemperatuur staan. Keer de repen eenmaal als ze hun vocht beginnen los te laten.

❷ Verhit intussen de olie in een grote steelpan op middelhoog vuur. Doe de knoflook erin en laat hem lichtbruin worden, 30 seconden, niet langer. Doe de venkelzaadjes in de pan en de peper en bak ook die 30 seconden. Verkruimel het gehakt in de pan en bak het al roerend tot het bruin wordt, ongeveer 3 minuten. Roer de marinarasaus door het vlees, breng alles zachtjes aan de kook en draai het vuur dan laag. Laat de saus ongeveer 10 minuten sudderen.

❸ Verwarm de oven voor tot 175 °C. Spuit een rechthoekige ovenschaal (lasagneschaal) in met anti-aanbakspray.

❹ Meng de ricotta, geraspte kaas, het eisubstituut en de nootmuskaat in een kom en zet hem apart.

❺ Gebruik nieuw keukenpapier om de courgetterepen droog te deppen. Knijp er voorzichtig zo veel mogelijk vocht uit, maar zorg dat de repen heel blijven.

❻ Bouw de lasagne in lagen op. Begin met een laag (1 theelepel) volkorenpaneermeel op de bodem van de schaal te strooien. Leg daarop $^1/_3$ van de courgetterepen, zo nodig dakpansgewijs. Lepel er $^1/_3$ van de rode saus overheen en vervolgens de helft van het kaasmengsel. Strooi er dan weer volkorenmeel over en daarop weer een laagje courgetterepen. Lepel de rest van de saus erover en bestrooi alles met de rest van de kaas. Dan komt er nog 1 theelepel paneermeel en de rest van de saus en courgetterepen. Eindig met de parmezaanse kaas.

❼ Bak de lasagne ongeveer 50 minuten, tot hij borrelt. Laat hem 5 minuten afkoelen voordat je hem aansnijdt en opdient.

Wortels 'Alfredo'

Als tofu nog geen regelmatig onderdeel is
van je menu, probeer het dan eens. Het is
een veelzijdig vegetarisch voedingsmiddel
dat de smaak van andere producten
opneemt, veel eiwitten verschaft en weinig
calorieën en cholesterol bevat. In dit recept
wordt zijdezachte tofu, dat een custardachti-
ge samenstelling heeft, gebruikt om een zui-
velvrije pastasaus te maken die opgediend
wordt met betacaroteenrijke worteltjes.

4 porties

VOEDINGSWAARDE
Calorieën 96
Proteïne 6 g
Koolhydraten 14 g
Totaal vet 2 g
Verzadigd vet spoortje
Cholesterol 2 mg
Vezels 4 g
Suikers spoortje
Natrium 69 mg

Elke portie telt als 1 vegetarische proteïne, 1 zetmeelarme
groente en minder dan $1/4$
vetarm zuivelproduct.

500 g wortels, geschrapt
500 g tofu (ongeveer $3/4$ kopje)
$2/3$ kopje magere melk of sojamelk
$1/2$ theelepel versgeraspte nootmuskaat
$1/4$ theelepel versgemalen zwarte peper
$1/2$ theelepel versgeraspte parmezaanse kaas

❶ Breng een grote pan met water aan de kook. Gebruik een dun-
schilmesje om lange repen van de wortels te snijden, zoiets als taglia-
tellerepen. Bewaar de harde kern van de wortel die niet in repen
gesneden kan worden om later op de dag als snack op te eten. Je moet
ongeveer 4 kopjes wortelrepen hebben.

❷ Laat de repen in het kokende water vallen en kook ze 1 minuut.
Laat ze uitlekken en spoel ze af onder de koude kraan. Houd ze apart.

❸ Doe de tofu en melk of sojamelk in de keukenmachine en pureer
ze tot het een glad mengsel is. Doe de puree in een koekenpan met
anti-aanbaklaag en zet hem op middelhoog vuur tot de saus gaat bor-
relen. Roer er de nootmuskaat en peper door en neem de pan van het
vuur. Roer de parmezaanse kaas en wortelrepen erdoor en dien het
gerecht meteen op.

Aziatische tofuschotel

Of je nou vegetariër bent of niet, je kunt je repertoire van maaltijden prima uitbreiden met deze moderne variatie op een oude Chinese methode van stoven in sojasaus, azijn en bouillon. Tofu bevat gezonde plantaardige chemicaliën, die met een technisch woord isoflavonen heten, waarvan bewezen is dat ze het cholesterolgehalte in het bloed verlagen.

4 porties

VOEDINGSWAARDE

Calorieën	153
Proteïne	9 g
Koolhydraten	25 g
Totaal vet	3 g
Verzadigd vet	spoortje
Cholesterol	0 mg
Vezels	3 g
Suikers	3 g
Natrium	473 mg

Elke portie telt als 1 vegetarische proteïne en 1 zetmeelarme groente.

4 bosuitjes, bijgesneden en fijngehakt
2 worteltjes, geschrapt en fijngehakt
2 tenen knoflook, fijngehakt
1 kopje zoutloze, vetvrije groentebouillon
3 eetlepels natriumarme sojasaus
2 eetlepels verse gember, geschild en fijngehakt
2 eetlepels rijstazijn of witte wijnazijn
2 kopjes tofu, in blokjes van 1 cm gesneden
16 shii-takepaddestoelen, steeltjes verwijderd, hoedjes in vieren gesneden
(gebruik eventueel gedroogde, gewelde)
2 eetlepels maïzena, losgeklopt met 1 eetlepel water

❶ Doe de bosuitjes, worteltjes, knoflook, bouillon, sojasaus, gember en azijn in een grote steelpan en zet hem op een middelhoog vuur. Doe een deksel op de pan, breng de inhoud aan de kook en draai het vuur dan laag, zodat de worteltjes in 5 minuten gaar kunnen koken en alle aroma's zich mengen.

❷ Voeg de tofublokjes en paddestoelen toe, dek de pan weer af en laat alles nog eens 10 minuten pruttelen. Roer er af en toe in, maar zorg dat de tofublokjes heel blijven.

❸ Zet het vuur hoger, schenk de maïzena erbij, roer er zachtjes in en laat alles 20 minuten koken, tot de saus dik is. Neem de pan van het vuur, dek hem af en laat hem 5 minuten staan voor het opdienen.

Aardappels uit de oven

Dit is mijn lievelingsbijgerecht. Het een vetarme manier om aardappels klaar te maken die iedereen in de familie geweldig zal vinden – aangezien het gezond is voor hart en bloedvaten. Er worden geen emmers olie of vet bij gebruikt, zoals bij gewone gebakken aardappels, maar die handige anti-aanbakspray, die per keer spuiten maar 1 of 2 calorieën bevat.

VOEDINGSWAARDE	
Calorieën 97	
Proteïne 3 g	
Koolhydraten 22 g	
Totaal vet spoortje	
Verzadigd vet 0 g	
Cholesterol 0 mg	
Vezels 2 g	
Suikers 0 g	
Natrium 357 mg	

Elke portie telt als 1 zetmeel-rijke koolhydraat.

4 porties

anti-aanbakspray
4 middelgrote, stevige aardappelen (niet kruimig)
2 eetlepels Provençaalse kruiden
1 eetlepel zout

❶ Zet de twee ovenroosters boven elkaar de oven en verwarm hem voor tot 220 °C. Spuit twee bakplaten in met anti-aanbakspray.

❷ Snijd de aardappelen in rondjes van $\frac{1}{2}$ cm dikte en leg ze op de ingespoten bakplaten. Spuit een laagje spray over de aardappelen en bestrooi ze licht met kruiden en zout.

❸ Bak ze een half uur in de oven en draai dan de bakplaten om, zodat de onderste bovenin komt te staan en vice versa. Bak de aardappelen tot ze een mooi bruin kleurtje hebben gekregen en gaar zijn, nog eens ongeveer een half uur.

Voor een sausje kun je het volgende proberen: $\frac{1}{2}$ kopje magere zure room gemengd met 2 eetlepels fijngehakte bieslook of het groen van een paar bosuitjes; of $\frac{1}{2}$ kopje ketchup gemengd met 1 theelepel mierikswortelsaus en 1 theelepel versgeperst citroensap; of $\frac{1}{2}$ kopje vetarme yoghurt gemengd met 1 eetlepel dijonmosterd en 2 theelepel kerriepoeder.

Winterse puree van wortelgroenten

Als je besluit om gezonder te gaan leven, moet je een andere richting inslaan op het gebied van voedingsmiddelen, zodat je weer fit en levenslustig wordt. Daar komt bij kijken dat je nieuwe soorten voedsel uitprobeert en nieuwe manieren om ze klaar te maken. Hier is een heerlijk alternatief voor aardappelpuree, met veel minder calorieën, dat niet alleen lekker smaakt, maar ook vol zit met vitamines, mineralen en vezels, die je lichaam op een natuurlijke manier tegen ziekte beschermen. Je kunt een keukenmachine gebruiken om een gladde puree te maken, maar een gewone elektrische mixer voldoet ook.

VOEDINGSWAARDE

Calorieën	77
Proteïne	2 g
Koolhydraten	18 g
Totaal vet	spoortje
Verzadigd vet	0 g
Cholesterol	0 mg
Vezels	4 g
Suikers	0 g
Natrium	309 mg

Elke portie telt als 1 zetmeelarme groente. De groenten in dit recept bevatten slechts een minimale hoeveelheid zetmeel.

8 porties

3 pastinaken (ongeveer 350 g), geschild en in plakjes gesneden van 2 cm
1 middelgrote koolraap (ongeveer 500 g), geschild en in blokjes van 2 cm gesneden
1 grote raap (ongeveer 400 g), geschild en in blokjes van 1 cm gesneden
$\frac{1}{3}$ kopje zoutloze, vetvrije groentebouillon
2 eetlepels magere zure room
1 $\frac{1}{2}$ theelepel dijonmosterd
$\frac{1}{2}$ theelepel zout
$\frac{1}{4}$ theelepel versgemalen zwarte peper
1 bosuitje, fijngehakt (facultatief)

❶ Doe de groenten in een grote pan, zet ze onder water en breng alles op hoog vuur aan de kook. Zet een deksel op de pan en laat de groenten zachtjes gaar koken in ongeveer 20 minuten. Laat ze uitlekken.

❷ Doe de gekookte groenten en de bouillon, zure room, mosterd, het zout en de peper in de keukenmachine en laat de machine twee keer kort achter elkaar draaien zodat de ingrediënten gemengd worden. Pureer alles dan tot een mooie gladde puree. Garneer de puree eventueel voor het opdienen met wat gehakte bosui.

Ratatouille

Als je niet elke dag ten minste vijf porties fruit of groenten eet, kun je je lichamelijk zo uit balans voelen dat je niet optimaal kunt functioneren. Hier is een oplossing: ratatouille, een mengsel van groenten bereid in een heerlijke, voedzame stoofschotel. Ratatouille bevat weinig calorieën en is weer zo'n goed voorbeeld van vitale, hoogwaardige voeding, omdat je er een poosje over doet om het te eten en het heel vullend is. Groenten en olijfolie onderdrukken het hongergevoel en zijn daarom etenswaren die je een voldaan gevoel geven.

VOEDINGSWAARDE	
Calorieën 86	
Proteïne 3 g	
Koolhydraten 16 g	
Totaal vet 2 g	
Verzadigd vet spoortje	
Cholesterol 0 mg	
Vezels 5 g	
Suikers 0 g	
Natrium 184 mg	

Elke portie telt als 1 zetmeelarme groente.

6 porties

2 theelepels olijfolie
1 grote ui, dungesneden
4 tenen knoflook, fijngehakt
8 Romatomaten, in stukjes gesneden
2 grote courgettes, in de lengte gehalveerd en in stukjes van 1 cm dik gesneden
1 middelgrote aubergine, in blokjes van 2 cm gesneden
1 groene paprika, in reepjes gesneden
2 theelepels gedroogde tijm
1 theelepel gedroogde rozemarijn
1 eetlepel kappertjes, uitgelekt en afgespoeld (facultatief)
$\frac{1}{2}$ theelepel zout
$\frac{1}{4}$ theelepel versgemalen zwarte peper

❶ Verhit de olie in een grote pan met zware bodem op middelhoog vuur. Doe de ui erin en bak hem al roerend ongeveer 3 minuten tot hij glazig is. Voeg dan de knoflook toe en bak nog 30 seconden door.

❷ Doe de tomaten, courgette, aubergine, paprika en kruiden in de pan en roer alles tot de tomaten zacht worden en het sap begint te pruttelen, ongeveer 4 minuten. Zet het deksel op de pan en zet het vuur omlaag. Laat alles ongeveer 35 minuten stoven, af en toe roerend, tot de groenten zacht zijn.

❸ Roer er eventueel kappertjes doorheen en laat de groenten nog 10 minuten indikken. Bestrooi ze met zout en peper vlak voor het opdienen.

Black-eyed peas met bladgroente

Hoewel ik denk dat geluk alleen is weggelegd voor degenen die er zorgvuldig naartoe werken, eten veel mensen op goed geluk, in het bijzonder als onderdeel van een nieuwjaarstraditie. Een populair geluksgerecht is *Hoppin' John*, een gerecht uit het zuiden van de Verenigde Staten, dat van oudsher gemaakt wordt van black-eyed peas en spek. In deze versie wordt veel minder vet gebruikt en wordt de voedingswaarde vergroot door toepassing van kalkoenspek of -ham en snijbiet. Wie weet brengt dit gerecht je wel geluk en voorspoed op de weg naar een gezond gewicht!

VOEDINGSWAARDE

Calorieën	95
Proteïne	7 g
Koolhydraten	14 g
Totaal vet	3 g
Verzadigd vet	0,5 g
Cholesterol	10 mg
Vezels	4 g
Suikers	0 g
Natrium	938 mg

Elke portie telt als 1 zetmeelrijke koolhydraat en 1 zetmeelarme groente.

4 porties

4 repen kalkoenspek, grof gesneden
3 tenen knoflook, fijngehakt
1 $\frac{1}{2}$ kopje black-eyed peas uit blik, uitgelekt en afgespoeld
500 g snijbiet (of spinazie), alleen het groen, gewassen maar niet gedroogd, grof gehakt (4 kopjes)
$\frac{1}{3}$ kopje zoutloze, vetvrije groentebouillon
$\frac{1}{2}$ theelepel zout
2-3 scheutjes tabascosaus

❶ Verhit een grote steelpan op een middelhoog vuur. Doe het spek erin en bak het al roerend bruin in ongeveer 2 minuten. Doe de knoflook erbij en bak die 20 tellen mee. Voeg de bonen toe en bak al roerend 30 seconden door.

❷ Leg de snijbiet boven op de bonen en schenk de bouillon erbij. Zet een deksel op de pan, draai het vuur laag en laat alles pruttelen tot de snijbiet is geslonken, ongeveer 3 minuten. Roer het zout en de tabascosaus erdoor en roer alles goed door elkaar. Dien het gerecht meteen op.

Radijssla

Is er dan geen manier om aan dezelfde salades te ontkomen die altijd op dieetmenu's staan? Ik ben blij dat je het vraagt! Hier is een heerlijke slankmakende sla bereid met drie vitale, hoogwaardige groenten die de eetlust inperken en toch fantastisch smaken. Met dit recept maak je genoeg voor een weeshuis.

12 porties

VOEDINGSWAARDE	
Calorieën 37	
Proteïne 1 g	
koolhydraten 7,5 g	
Totaal vet spoortje	
Verzadigd vet 0 g	
Cholesterol 0 mg	
Vezels 2 g	
Suikers 1 g	
Natrium 259 mg	

Elke portie telt als 1 zetmeelarme groente.

$^3/_4$ kopje vetvrije mayonaise
1 eetlepel dijonmosterd
1 eetlepel appel-ciderazijn
2 theelepel gedroogde dille
1 theelepel zout
$^1/_2$ theelepel versgemalen zwarte peper
20 grote radijsjes, geraspt (ongeveer 4 kopjes)
2 rode of groene paprika's, in dunne reepjes gesneden (ongeveer 2 kopjes)
1 kleine kool, van de buitenste bladeren ontdaan en in dunne reepjes gesneden (ongeveer 2 aangedrukte kopjes)

❶ Klop de mayonaise, mosterd, azijn, dille, peper en het zout in een kom door elkaar en zet de saus apart.

❷ Meng de groenten in een schaal. Doe de saus erbij en roer alles goed door elkaar. Dek de schaal af en zet de salade een half uur in de koelkast, zodat de aroma's goed kunnen intrekken. Roer alles vlak voor het opdienen nog een keer.

Geroosterde bietjes

Beloof jezelf dat je gedurende een maand minstens één nieuwe groente per week gaat uitproberen. Breid je repertoire uit – gewoon om te bewijzen dat je het kunt. En waarom zou je dan deze week niet eens met bietjes beginnen? Hun dieprode kleur komt van een paars pigment dat antioxidanten bevat die je kunnen beschermen tegen hartkwalen en kanker. Als je voor dit recept bieten koopt, gooi het loof dan niet weg. Zie het recept voor *Bietenloof* op p. 141 voor een voedzame manier om een bedje groenten te creëren voor je geroosterde bietjes. (Tip: met citroensap krijg je de rode vlekken van je handen die je overhoudt van het aanpakken van bieten.)

VOEDINGSWAARDE	
Calorieën 123	
Proteïne 3 g	
Koolhydraten 13 g	
Totaal vet 8 g	
Verzadigd vet 1 g	
Cholesterol 0 mg	
Vezels 4 g	
Suikers 0 g	
Natrium 298 mg	

Elke portie telt als 1 zetmeelarme groente en 1 vet. Het fruit is te verwaarlozen en is toegevoegd voor de smaak.

6 porties

$1/4$ kopje walnoten, in brokjes
1 kilo bietjes (ongeveer 6 middelgrote), geschild en in stukjes van 1 cm gesneden
2 eetlepels walnootolie of olijfolie
1 theelepel zout
$1/2$ theelepel versgemalen zwarte peper
2 eetlepels balsamico-azijn
1 kopje mandarijntjes uit blik op water, uitgelekt
2 bosuitjes, dungesneden
2 theelepel verse rozemarijn, gehakt

❶ Verwarm de oven voor tot 200 ˚C.
❷ Leg de walnoten op een bakplaat en rooster ze ongeveer 5 minuten in de oven tot ze lichtbruin zijn. Zet ze apart.
❸ Leg de bietjes in een ondiepe ovenschaal. Voeg de olie, het zout en de peper toe en meng alles goed. Rooster de bietjes onder af en toe schudden tot ze gaar zijn, ongeveer 40 minuten.
❹ Neem de schaal uit de oven en schenk de azijn erin. Roer alles

voorzichtig en schraap alle stukjes en beetjes goed los van de bodem, maar zorg dat de bietjes heel blijven. Hevel het mengsel over naar een schaaltje en laat het 5 minuten afkoelen.

❺ Roer de mandarijnpartjes, de walnoten, de uitjes en de rozemarijn door de bietjes en serveer de sla warm, op kamertemperatuur of koud.

Bietenloof

Verwijder de taaie rode stelen en hak de bladeren fijn. Spoel ze af onder de kraan en leg ze in een koekenpan met anti-aanbaklaag zonder water toe te voegen. Zet de pan op een middelhoog vuur, dek hem af en zet het vuur laag. Smoor de groenten ongeveer 5 minuten, tot ze zacht en geslonken zijn. Bestrooi ze vlak voor het opdienen met $^1/_2$ theelepel zout.

VOEDINGSWAARDE

Calorieën	8
Proteïne	1 g
Koolhydraten	2 g
Totaal vet	0 g
Verzadigd vet	o g
Cholesterol	0 mg
Vezels	1,5 g
Suikers	0 g
Natrium	193 mg

Elke portie telt als 1 zetmeelarme groente.

Asperges met warme vinaigrette

Wees je bewust van het feit dat groenten gelden als de allerbeste en voedzaamste etenswaren. In het voedselprogramma dat wij in de *Voel je goed in je Lijf* boeken propageren zijn zetmeelarme groenten als asperges, producten die je naar hartelust kunt eten. Doe jezelf daarin dus niet tekort. Dit recept verschaft per portie asperges (6 stuks) meer dan eenderde van de dagelijkse dosis van de cruciale vitamine B. Je kunt dit recept ook maken met sperziebonen.

VOEDINGSWAARDE	
Calorieën 29	
Proteïne 2 g	
Koolhydraten 5 g	
Totaal vet spoortje	
Verzadigd vet 0 g	
Cholesterol 0 mg	
Vezels 2 g	
Suikers 0 g	
Natrium 272 mg	

Elke portie telt als 1 zetmeelarme groente.

4 porties

24 verse asperges (groene), breek het taaie uiteinde af en snijd ze in stukken
$^1/_4$ kopje vetvrije Italiaanse slasaus
1 eetlepel peterselie, de platte soort, gehakt
2 theelepels verse oregano of majoraanblaadjes, gehakt
1 theelepel verse tijmblaadjes
$^1/_4$ theelepel versgemalen zwarte peper
2 eetlepels amandelschaafsel (facultatief)

❶ Leg de asperges in een grote koekenpan, zet ze onder water en breng ze op een hoog vuur aan de kook. Draai het vuur lager en kook de asperges tot ze gaar, maar nog een beetje knapperig zijn, niet langer dan 2 minuten. Laat ze uitlekken in een vergiet en spoel ze dan af onder de koude kraan.

❷ Zet de pan op middelhoog vuur, doe de slasaus erin en roer hem tot hij warm is, ongeveer 30 seconden. Leg de asperges weer in de pan en rol ze goed door de saus. Roer de verse kruiden, peper en amandelen erdoor. Warm alles voor het opdienen 10 seconden door.

NB: Hoewel het niet vetvrij is, kun je een smaakvolle slasaus maken met notenolie. Klop 2 eetlepels walnoot- of amandelolie door 1 eetlepel witte wijnazijn met $^1/_2$ theelepel zout en schenk het mengsel in de pan om op te warmen.

Geglaceerde butternut-pompoen

Als je het leven benadert op een creatieve manier is dat beslist goed voor je gezondheid. Jij bent de enige die verantwoordelijk is voor de keuzes die je elke dag van je leven maakt, met inbegrip van wat je eet. En als je voor gezond eten kiest, dan kies je voor een gezond lijf. Een van de etenswaren die je op je lijst zou moeten zetten is de pompoenfamilie, die bestaat uit wintergroenten vol voedingswaarde als vitamine C en betacaroteen, die beide goed zijn voor je immuunsysteem. Een van de smaakvolste kalebassoorten, die de laatste tijd ook bij ons volop te krijgen is, is de butternut. De butternut is van nature zoet en vol vezels. Op een simpele manier bereid, zoals in dit recept, vormt hij een heerlijk bijgerecht voor bijna alle soorten vlees, vis of gevogelte.

VOEDINGSWAARDE	
Calorieën 116	
Proteïne 2 g	
Koolhydraten 30 g	
Totaal vet spoortje	
Verzadigd vet 0 g	
Cholesterol 0 mg	
Vezels 3 g	
Suikers 0 g	
Natrium 183 mg	

Elke portie telt als 1 zetmeelrijke koolhydraat en $\frac{1}{4}$ fruit.

4 porties

1 butternut-pompoen, geschild, van zaden ontdaan en in blokjes van 1 cm gesneden
1 kopje ongezoet appelsap
1 kaneelstokje
4 pimentbesjes
$\frac{1}{2}$ theelepel zout
$\frac{1}{4}$ theelepel vers geraspte nootmuskaat

❶ Doe de pompoenblokjes in een pan en schenk de appelsap erbij. Doe het kaneelstokje en de pimentbesjes in de pan en zet hem op een hoog vuur tot alles aan de kook is. Zet het vuur lager en laat de pompoen in ongeveer 12 minuten zachtjes gaar sudderen.

❷ Haal de blokjes uit de pan met een schuimspaan en leg ze in een schaal. Dek de schaal af en zet hem apart.

❸ Draai het vuur hoger en kook het kooknat tot het is ingedikt, ongeveer 3 minuten. Je moet ongeveer 2 eetlepels glazuur overhouden. Roer het zout en de nootmuskaat erdoor en schenk het glazuur over de groenten in de schaal. Direct opdienen.

Tussendoortjes

Als je tussen maaltijden door gezonde snacks neemt, zet je een enorme stap in de richting van een gezond gewicht. Het eten van drie maaltijden per dag, met tussendoor een gezonde snack, zorgt ervoor dat het niveau van je bloedsuiker de hele dag gelijk blijft, zodat je hersenen geen signaal doorgeven dat je voedsel nodig hebt en je minder trek hebt. Een serie maaltijden, inclusief ten minste twee tussendoortjes, houdt ook je metabolisme op peil. Zodoende zijn vitale, hoogwaardige tussendoortjes van cruciaal belang bij het succesvol oplossen van je gewichtsproblemen.

Daar staat tegenover dat het eten van ongezonde snacks zoals chips, koekjes, cakejes en dergelijke honderden onnodige calorieën per dag toevoegen, met alle extra kilo's van dien.

Een gezond tussendoortje is eveneens een aanvulling van je dieet met extra voedingswaarde. De snacks in dit hoofdstuk zijn allemaal samengesteld met dat doel voor ogen. Elk recept is lekker en vullend en het resultaat is een collectie snacks die niet alleen goed voor je zijn, maar ook voorbestemd zijn om de lievelingshapjes te worden van jou en je gezin.

Puree van zongedroogde tomaten

Deze vetvrije snack wordt gemaakt van zongedroogde tomaten die de puree een pittig
smaakje geven. Smeer het mengsel op
selderijstengels en je hebt een knapperig en
voedzaam tussendoortje.

8 porties

225 g vetvrije roomkaas, in blokjes gesneden
2 tenen knoflook
1 kopje zachte zongedroogde tomaten
2 eetlepels versgeperst citroensap
1 theelepel gedroogde basilicum
1 theelepel gedroogde oregano
1 theelepel venkelzaad
$\frac{1}{2}$ theelepel zout
$\frac{1}{4}$ theelepel versgemalen zwarte peper
16 stengels bleekselderij

VOEDINGSWAARDE

Calorieën 56	
Proteïne 6 g	
Koolhydraten 8 g	
Totaal vet spoortje	
Verzadigd vet spoortje	
Cholesterol 5 mg	
Vezels 2 g	
Suikers 0 g	
Natrium 525 mg	

Elke portie telt als 1 zetmeelarme groente.

❶ Doe de roomkaas, knoflook, zongedroogde tomaten, het citroensap, de kruiden, het zout en de peper in de kom van een keukenmachine. Druk drie keer op de knop en laat de machine dan 1 minuut
draaien tot het mengsel glad is. Schraap de zijkanten van de kom eventueel zodat alles goed gepureerd wordt.

❷ Smeer elke selderijstengel in met 2 theelepels van het mengsel,
snijd ze in drie stukken en serveer ze meteen. Je kunt het tomaten-
mengsel ook afgedekt 2 dagen in de koelkast bewaren. Laat het dan
voor gebruik op kamertemperatuur komen.

NB: Zongedroogde tomaten behoren zacht te zijn en niet taai en uitge-
droogd. Giet er eventueel kokend water over om ze zacht te laten worden en droog ze dan met keukenpapier. Gebruik geen tomaten op olie.

Kruidige popcorn

In Amerika wordt meer popcorn gegeten dan welke andere snack dan ook. Amerikanen eten bijna 50 kilo popcorn per persoon per jaar. Hoewel popcorn een laag vetgehalte en een hoog vezelgehalte heeft, wordt dit onweerstaanbare tussendoortje meestal overgoten met boter, zodat het een verboden snack wordt voor iedereen die wil afvallen. Er zijn echter allerlei manieren om popcorn klaar te maken zonder boter of olie. Geef voor de verandering eens een nieuwe draai aan popcorn door het smaakvol te maken met kruiden: een verrassend resultaat. Gebruik hiervoor popcorn die gemaakt is door middel van hete lucht en niet met olie, en voeg de kruiden toe als het nog warm is.

VOEDINGSWAARDE	
Calorieën 71	
Proteïne 2 g	
Koolhydraten 14 g	
Totaal vet 1 g	
Vezadigd vet 0 g	
Cholesterol 0 mg	
Vezels 3 g	
Suikers 0 g	
Natrium 352 mg	

Elke portie telt als 1 zetmeelrijke koolhydraat.

4 porties

1 eetlepel milde paprikapoeder
1 theelepel uienpoeder
$\frac{1}{2}$ theelepel gemalen komijn
$\frac{1}{2}$ theelepel knoflookpoeder
8 kopjes popcorn
anti-aanbakspray

Meng de specerijen en het zout in een kom. Spreid de warme popcorn uit op een bakplaat en spuit er een dun laagje anti-aanbakspray over. Sprenkel het kruidenmengsel over de popcorn, schud het goed en dien het meteen op.

Parmezaanse popcorn

4 porties

$\frac{1}{4}$ kopje geraspte vetarme parmezaanse kaas
1 theelepel (gedroogde) peterselie, fijngehakt
2 theelepels oregano
2 theelepels gedroogde basilicum
$\frac{1}{2}$ theelepel knoflookzout
8 kopjes popcorn

Meng de kaas en de kruiden in een kom.
Spreid de warme popcorn uit op een bak-
plaat en strooi het kruidenmengsel erover.
Goed schudden en meteen opdienen.

VOEDINGSWAARDE

Calorieën 84	
Proteïne 4 g	
Koolhydraten 14 g	
Totaal vet 3 g	
Verzadigd vet 1 g	
Cholesterol 4 mg	
Vezels 2,5 g	
Suikers 0 g	
Natrium 271 mg	

Elke portie telt als 1 zetmeelrijke koolhydraat.

Kruidige sinaasappelpopcorn

4 porties

2 eetlepels gedroogde sinaasappelschil, gemalen
2 theelepels gemalen piment
1 theelepel droge mosterd
1 theelepel vers geraspte nootmuskaat
1 theelepel gemberpoeder
$\frac{1}{2}$ theelepel zout
$\frac{1}{4}$ theelepel cayennepeper (facultatief)
8 kopjes popcorn
anti-aanbakspray

VOEDINGSWAARDE	
Calorieën 76	
Proteïne 2 g	
Koolhydraten 14 g	
Totaal vet 1 g	
Verzadigd vet spoortje	
Cholesterol 0 mg	
Vezels 3 g	
Suikers 0	
Natrium 292 mg	

Elke portie telt als 1 zetmeelrijke koolhydraat.

Meng de sinaasappelschil en specerijen in een kom. Spreid de warme popcorn uit op een bakplaat en spuit er een dun laagje anti-aanbakspray over. Strooi het kruidenmengsel eroverheen en schud alles goed door elkaar. Direct opdienen.

NB: Gedroogde sinaasappel- of citroenschil is verkrijgbaar in veel speciaalzaken. Je kunt ze fijnmalen in een kleine keukenmachine of koffiemolen, of door de schilletjes in een vijzel fijn te stampen.

Mini pizzacrackers

Pizzaliefhebbers opgelet! Met deze fantasierijke minipizza's, gemaakt van volkorencrackers, heb je een heerlijke pizzasmaak zonder
de calorieën en geraffineerde koolhydraten
die er meestal mee gepaard gaan. Dit zijn
ook perfecte partysnacks.

4 porties

1 theelepel oregano
1 theelepel gedroogde basilicum
$1/4$ theelepel verkruimelde rode chilipepertjes
(facultatief)
16 vetarme volkorencrackers, klein
16 zachte zongedroogde tomaten
5 eetlepels plus 1 theelepel geraspte vetvrije of heel magere kaas

VOEDINGSWAARDE

Calorieën	69
Proteïne	5 g
Koolhydraten	9 g
Totaal vet	2 g
Verzadigd vet	1 g
Cholesterol	2 mg
Vezels	1 g
Suikers	0 g
Natrium	264 mg

Elke portie telt als 1 zetmeelrijke koolhydraat en 1 zetmeelarme groente.

❶ Verwarm de bovengrill van de oven voor. Meng de oregano, basilicum en chilipeper in een kom en zet hem apart.

❷ Leg de crackers op een bakplaat met op elk een zongedroogde
tomaat en daarop 1 theelepel kaas.

❸ Zet de bakplaat ongeveer 13 cm onder de grill en rooster de crackers tot de kaas is gesmolten, ongeveer 15 seconden. Strooi het kruidenmengsel eroverheen en dien de minipizza's meteen op.

Aziatische dip van kikkererwten

Als je de komende maanden een dunnere versie van jezelf wilt zien, experimenteer dan eens met slankere manieren om een dip klaar te maken. De sleutel is vetarme en vetvrije ingrediënten te gebruiken in plaats van de gebruikelijke vette zure room. De gepureerde bonen in dit recept vormen zo'n beetje de gemakkelijkste en voedzaamste vervangers die je je kunt voorstellen. Doe er een beetje wasabi in, gemaakt van een Japanse soort mierikswortel, voor een pittige dip. Doop er rauwe wortels en selderijstengels in.

VOEDINGSWAARDE

Calorieën 136	
Proteïne 5 g	
Koolhydraten 18 g	
Total vet 5 g	
Verzadigd vet spoortje	
Cholesterol 0 mg	
Vezels spoortje	
Suikers 0 mg	
Natrium 253 mg	

Elke portie telt als ca 1 zetmeelrijke koolhydraat of 1 vegetarische proteïne.

4 porties

1 blik (125 g) kikkererwten, uitgelekt en afgespoeld
1 teen knoflook, in drie stukjes gesneden
$^1/_4$ kopje water
2 eetlepels versgeperst citroensap
1 eetlepel sesamolie
1 eetlepel natriumarme sojasaus
1 theelepel wasabipuree

Doe de kikkererwten, de knoflook, het water en de citroensap, de sesamolie, sojasaus en wasabi in een keukenmachine. Zet de machine twee of drie keer aan en uit en schraap alles van de zijkanten van de kom. Laat de machine dan 1 minuut draaien tot je een gladde puree hebt verkregen. Doe het mengsel in een kom en dien de puree op kamertemperatuur op of bewaar hem 2 dagen afgedekt in de koelkast.

Guacamole

Guacamole is een van de meest populaire dipsauzen uit zuidelijke streken. Avocado's zitten vol kalium, vitamines en bevatten daarom veel eenzijdig onverzadigde vetzuren, die helpen het gehalte aan slecht cholesterol en tryglyceride te verlagen, terwijl de hoeveelheid goede cholesterol verhoogd wordt. Dit recept wordt gemaakt met zachte tofu, die zowel romigheid als extra proteïne toevoegt. Geef er rauwe, gesneden groenten bij.

VOEDINGSWAARDE

Calorieën 75	
Proteïne 3 g	
Koolhydraten 5 g	
Totaal vet 5 g	
Verzadigd vet 1 g	
Cholesterol 0 mg	
Vezels 2 g	
Suikers spoortje	
Natrium 226 mg	

Elke portie telt als 1 zetmeelarme groente en 1 vet en geeft een te verwaarlozen hoeveelheid vegetarische proteïne.

6 porties

³/₄ kopje zachte tofu

1 rijpe avocado (de soort met zwarte schil heeft de meeste smaak), van pit en schil ontdaan

1 grote tomaat, fijngesneden

¹/₄ kopje rode ui, fijngehakt

2 eetlepels versgeperst citroensap

2 eetlepels verse koriander, gehakt

³/₄ theelepel zout

¹/₂ theelepel gemalen komijn

3-5 scheutjes tabasco

❶ Leg de tofu en avocado in een kom en prak ze met een vork fijn.

❷ Roer de tomaat, ui, citroensap, koriander, zout, komijn en tabasco erdoorheen. Dien meteen op of bewaar tot 2 uur in de koelkast.

Fruitdip

Dit is een ongebruikelijk, fantasierijk en smaakvol idee voor een snack: een droge dip voor zuidvruchten, verse appel of peer of aardbeien. Maak een grote hoeveelheid van deze dip en bewaar hem in een gesloten pot op een koele, donkere plek, zodat je altijd wat in voorraad hebt voor een speciale traktatie.

VOEDINGSWAARDE	
Calorieën 12	
Proteïne 0 g	
Koolhydraten 9 g	
Totaal vet spoortje	
Verzadigd vet spoortje	
cholesterol 0 mg	
Vezels 2 g	
Suikers 0 g	
Natrium 2 mg	

8 porties

$1/4$ kopje suikervervanger (zoetstof)
3 eetlepels kaneelpoeder
2 eetlepels vermalen sinaasappel of citroenschilletjes
1 theelepel pimentpoeder
1 theelepel gemalen kruidnagel
$1/2$ theelepel vers geraspte nootmuskaat

Meng alle ingrediënten in een kom en bewaar ze afgedekt tot 2 maanden. (Een portie bestaat uit 1 opgehoopte eetlepel.)

Gevulde dadels

Dadels hebben een hoog gehalte aan vezels, vitamine B, potassium, magnesium en ijzer. Zoek voor dit recept mooie grote dadels uit (Medjool), die de beste zijn om te vullen. Voor een feestje kun je twee- of driemaal de onderstaande hoeveelheid maken.

VOEDINGSWAARDE

Calorieën	189
Proteïne	6 g
Koolhydraten	38 g
Totaal vet	2 g
Verzadigd vet	spoortje
Cholesterol	5 mg
Vezels	4 g
Suikers	spoortje
Natrium	171 mg

Elke portie telt als 1 portie fruit en ca 1 portie vet.

4 porties

125 g vetvrije roomkaas
1/4 kopje suikervrije sinaasappelmarmelade of andere vruchtenjam
20 grote dadels, ontpit
20 amandelen, in plakjes geschaafd (ongeveer 3 eetlepel)

❶ Prak de roomkaas en marmelade in een kom door elkaar tot het een romig mengsel is.

❷ Kerf de dadels met een aardappelmesje in en knijp ze voorzichtig open. Verdeel het roommengsel over de dadels met een lepeltje; gebruik ongeveer 2 theelepels per dadel.

❸ Strooi er amandelschaafsel over en dien ze op.

Frambozenlimonade

Dit recept geeft een nieuwe draai aan limonade. Frambozen zijn rijk aan antioxidanten.

6 porties

1 liter verse frambozen of 1 zak van 500 g ingevroren frambozen, ontdooid
4 kopjes water
2 kopjes versgeperst citroensap
$1/2$ kopje ongezoete witte druivensap, geconcentreerd, uit de diepvries, ontdooid
Gelijke hoeveelheid zoetstof aan $1/2$ kopje suiker

VOEDINGSWAARDE	
Calorieën 72	
Proteïne 1 g	
Koolhydraten 19 g	
Totaal vet 0 g	
Verzadigd vet 0 g	
Cholesterol 0 mg	
Vezels 2 g	
Suikers 6 g	
Natrium 2 mg	
Elke portie telt als 1 fruit.	

Wrijf de frambozen door een zeef met de achterkant van een houten lepel en vang het sap op in een kom of kan. Voeg het water, citroensap en druivensap toe en roer de zoetstof erdoor. Je kunt ook alle ingrediënten in de keukenmachine pureren en het mengsel dan door een zeef in een kan schenken. Leg dan een dubbele laag keukenpapier in de zeef om de pitjes op te vangen. Serveer de limonade met ijsblokjes. Hij blijft vier dagen goed in de koelkast.

Nagerechten

Van nature willen mensen altijd wat ze niet mogen hebben. Bij veel zogenaamde diëten zijn er veel soorten toetjes die je niet mag hebben. Wat je je moet realiseren is dat je, wanneer iemand of een dieet je vertelt dat je een bepaald soort eten niet mag hebben, je kunt verwachten dat je verlangen ernaar heviger zal worden. Omdat je medelijden met jezelf hebt kan het zijn dat je te veel gaat eten als compensatie voor het gevoel van ontbering, met het gevolg dat je je plannen om af te vallen totaal verpest. Een streefgewicht bereiken en handhaven betekent nog niet meteen dat je helemaal geen toetjes mag eten. Met slechts een paar manieren om suiker en vet te vervangen, en een beetje creativiteit, kun je van nagerechten genieten die ook bijdragen aan het afslanken en de resultaten die je voor ogen hebt.

Het leuke van dit hoofdstuk is dat het nagerechten bevat die niet alleen veel gezonder zijn dan normale zoetigheden, maar die ook voldoening geven en je trek in meer zoetigheden verminderen. Het zijn vullende, hoogwaardige desserts. Ze zullen voorkomen dat je nog dingen gaat eten die je pogingen om af te vallen saboteren.

Dit zijn geen vetmakende, voedingsarme gerechten. Het zijn gerechten die hun kracht putten uit de natuurlijke zoetheid van fruit en caloriearme smaakmakers en ze bevatten stuk voor stuk calcium, eiwitten en andere essentiële voedingsstoffen.

Als je dus van toetjes houdt, ben je hier aan het goede adres. Geniet ervan!

Cheesecake met abrikozen

Wil je een lekkere punt cheesecake, maar zonder de calorieën, suiker en vetten die er meestal in zitten, dat is dit recept de oplossing: een cheesecake met een dikke consistentie en romige samenstelling die qua smaak voldoet zonder je afvalpogingen te verstoren.

8 porties

4 kopjes magere yoghurt, naturel
175 g gedroogde abrikozen
2 kopjes kokend water
anti-aanbakspray
1 kopje cruesli met noten
$^1/_3$ kopje appeldiksap
175 g vetvrije roomkaas, in brokjes
2 grote eieren, op kamertemperatuur
Het eiwit van 1 groot ei, op kamertemperatuur
Zoetstof, gelijk aan 3 eetlepels suiker
1 eetlepel vanille-essence
$^1/_2$ theelepel zout

VOEDINGSWAARDE	
Calorieën 198	
Proteïne 12 g	
Koolhydraten 32 g	
Totaal vet 2 g	
Verzadigd vet spoortje	
Cholesterol 57 mg	
Vezels 2 g	
Suikers spoortje	
Natrium 350 mg	

Elke portie telt als 1 fruit, $^1/_2$ kopje mager zuivelproduct, 28 gram proteïne en $^1/_4$ zetmeel.

❶ Leg een laagje vochtig keukenpapier in een vergiet en hang hem boven een kom. Giet de yoghurt erin en laat hem 3 uur uitlekken, of tot er ongeveer 1 $^1/_2$ kopje vocht uit de yoghurt is gelekt.

❷ Giet intussen het kokende water over de abrikozen en laat ze ongeveer een half uur staan, tot ze zacht zijn geworden. Laat de abrikozen uitlekken en zet ze apart.

❸ Zet een rooster in het midden van de oven en verwarm hem voor tot 175 ˚C.

❹ Spuit de binnenkant van een springvorm met een diameter van 20 cm in met anti-aanbakspray. Doe de cruesli in de kom van de keukenmachine en maal hem in 30 seconden fijn. Je kunt de cruesli ook fijnmalen door hem in een afgesloten plastic zak te doen en met een deegroller te bewerken. Bedek de bodem en de zijkanten van de springvorm met de kruimels.

❺ Doe de zachte abrikozen met het diksap in de keukenmachine en pureer ze ongeveer 1 minuut.

❻ Voeg de roomkaas, eieren, het eiwit, de zoetstof, vanille en het zout toe aan het mengsel in de keukenmachine en pureer alles in 1 minuut. Giet het mengsel voorzichtig in de voorbereide springvorm zonder de korst te verstoren.

❼ Bak de cake tot de vulling stevig is, maar in het midden nog een beetje zacht, net als custard, ongeveer 1 uur. Zet hem op een rooster om af te koelen op kamertemperatuur, ongeveer 1 uur. Dek hem goed af en zet hem ten minste 2 uur in de koelkast alvorens hem aan te snijden.

❽ Verwijder de opstaande rand van de springvorm voorzichtig. Verwijder niet de bodem van de cake, want hij is vochtig en kan daarbij kapotgaan. Cheesecake blijft afgedekt 3 dagen goed in de koelkast.

NB: Bij het maken van desserts moeten eieren meestal op kamertemperatuur zijn. Het beslag kan een shock krijgen van koude eieren, waardoor het niet rijst. Laat eieren 15 minuten buiten de koelkast staan, of leg ze 3 minuten in een kom met warm (niet heet) water voor gebruik.

Zout is het geheime ingrediënt dat banketbakkers gebruiken om hun producten op te peppen. Het verhoogt de zoetheid, in het bijzonder van gerechten met fruit. Je kunt het weglaten als je dat liever hebt, maar het eindresultaat wordt dan iets minder aromatisch.

Banana Cream Pie

Banana cream pie is altijd een traktatie en
een grote favoriet op familiebijeenkomsten.
Als jij bij de fanclub hoort, dan zul je beslist
van dit recept genieten. De hoeveelheden vet
en calorieën zijn drastisch verminderd, zonder verlies aan smaak. En daar komt nog een
bonus in de vorm van een gezonde dosis
vezels en calcium.

8 porties

2 ½ kopje muesli met banaan
2 eetlepels light margarine, op kamertemperatuur
2 pakjes suikervrije, vetvrije instant bananen- of vanillepuddingmix
2 eetlepels magere melkpoeder
2 kopjes koude magere melk
2 rijpe bananen, gepeld en grof gehakt
2 kopjes suikervrije, vetvrije vanilleyoghurt

VOEDINGSWAARDE

Calorieën 233	
Proteïne 9,5 g	
Koolhydraten 37 g	
Totaal vet 5 g	
Verzadigd vet spoortje	
Cholesterol 2,5 mg	
Vezels 2 g	
Suikers 4 g	
Natrium 510 mg	

Elke portie telt als ¼ fruit,
½ zetmeelrijke koolhydraat,
½ vetarm zuivelproduct en
een spoortje vet.

❶ Zet een rooster op eenderde van onderen in de oven en verwarm
hem voor tot 160 °C.

❷ Doe de cruesli in de keukenmachine en maal hem in ongeveer 30
seconden fijn. Doe de margarine erbij en zet de machine ongeveer 30
seconden aan, tot de ingrediënten een bal vormen. Bekleed de bodem
en de zijkanten van een taartvorm met het deeg en druk het stevig
aan. (De cruesli kan ook vermalen worden in een plastic zak met een
deegroller; kneed de margarine er dan doorheen in een kom.)

❸ Bak de korst tien minuten en laat hem dan op een rooster een
half uur afkoelen.

❹ Doe de puddingmix en de melkpoeder in een grote kom. Schenk
de melk erbij en klop alles 1 minuut. Voeg de gehakte bananen toe en
blijf kloppen tot het mengsel dik begint te worden, nog circa 1
minuut. Doe de vulling in de gebakken taartkorst en zet hem in de
koelkast tot de vulling gestold is, ongeveer 2 uur. Deze taart kan afgedekt tot 3 dagen in de koelkast bewaard worden.

❺ Smeer de yoghurt vlak voor het serveren gelijkmatig over de taart.

Zoete aardappeltaart

Zoals je weet, stelde ik in mijn voedingswaardeschatting in *Voel je goed in je Lijf* de vraag: 'Hoeveel porties oranje of gele groenten of fruit eet je per week?' 'Drie of meer' zou een goed antwoord zijn, wat erop duidde dat je genoeg vitamine A en de andere beschermende stoffen die in oranje en gele groenten en fruit zitten, binnen kreeg. Als je veel lager scoort, dan loop je de kantjes ervanaf en behoor je beter te gaan eten. Een manier om dat te doen is deze taart te maken, ook weer zo'n favoriet is uit het Diepe Zuiden – een heerlijke taart van zoete aardappels die bergen smaak en bergen voedingswaarde levert.

VOEDINGSWAARDE	
Calorieën 208	
Proteïne 7 g	
Koolhydraten 43 g	
Totaal vet 2 g	
Verzadigd vet spoortje	
Cholesterol 54 mg	
Vezels 4 g	
Suikers 3,5 g	
Natrium 449 mg	

Elke portie telt als 1 zetmeelrijke groente. Er zit ook een te verwaarlozen hoeveelheid proteïne en vetarm zuivelproduct in elke portie.

8 porties

3 middelgrote zoete aardappelen (ongeveer 250 g elk)
2 kopjes 'Grape Nuts' ontbijtgraan
$\frac{1}{2}$ kopje suikervrije ahornsiroop
2 grote eieren, op kamertemperatuur
$\frac{1}{2}$ kopje vetvrije melkpoeder
Zoetstof gelijk aan 2 eetlepels witte suiker
Zoetstof gelijk aan 2 eetlepels bruine suiker (zie NB)
$\frac{1}{2}$ theelepel gemberpoeder
$\frac{1}{2}$ theelepel kaneelpoeder
$\frac{1}{2}$ theelepel zout

❶ Zet een rooster in het midden van de oven en verwarm hem voor tot 200 °C.

❷ Leg de zoete aardappelen op een bakplaat en rooster ze tot ze zacht zijn, ongeveer 1 uur. Zet ze apart om af te koelen en zet de oven op een lagere temperatuur (175 °C).

❸ Meng de Grape Nuts en de ahornsiroop in een kom. Druk het mengsel op de bodem en tegen zijkanten van een taartvorm.

❹ Snijd de afgekoelde zoete aardappelen in tweeën en schep het

zachte binnenste in een grote kom (in totaal heb je 2 kopjes nodig).
Klop de eieren, melkpoeder, zoetstoffen en specerijen en het zout
erdoor tot het een glad mengsel is. Doe de vulling voorzichtig in de
taartvorm zonder de korst los te maken.

⑤ Bak de taart ongeveer 45 minuten tot de vulling stevig is. Laat
hem afkoelen op een rooster en snijd hem pas na een half uur aan.
(Het kan zijn dat de bovenkant wat barstjes gaat vertonen.) De taart
kan, als hij helemaal is afgekoeld, 12 uur op kamertemperatuur of tot
3 dagen in de koelkast bewaard worden.

NB: Als er geen zoetstof te krijgen is ter vervanging van bruine suiker,
verdubbel dan de hoeveelheid voor witte suiker. Zoete aardappels kun
je het best roosteren op een stuk aluminiumfolie, zodat het vocht dat
vrijkomt niet gaan verbranden en het schoonmaken van de bakplaat
gemakkelijker is.

Grasshopper Pie

Weinig desserts zijn machtiger en eleganter
dan 'Grasshopper pie', weer een typisch zuidelijke specialiteit. Met een paar aanpassingen is deze versie veel slanker geworden dan
het origineel, zodat je ervan kunt genieten,
maar niet hoeft af te wijken van de koers
naar je streefgewicht.

VOEDINGSWAARDE	
Calorieën 242	
Proteïne 13 g	
Koolhydraten 46 g	
Totaal vet 1 g	
Verzadigd vet spoortje	
Cholesterol spoortje	
Vezels 3 g	
Suikers 6 g	
Natrium 492 mg	

Elke portie telt als ca $1/2$ zetmeelrijke koolhydraat, $1/4$
vegetarische proteïne en $1/4$
vetarm zuivelproduct.

8 porties

2 kopjes 'Grape Nuts' ontbijtgraan
$1/2$ kopje suikervrije chocoladesiroop
1 pakje (ca 300 g) tofu, in blokjes gesneden
4 eetlepel magere melkpoeder
2 $1/2$ magere melk
$1/2$ theelepel munt of pepermuntessence
1 pakje suikervrije, vetvrije instant vanillepuddingmix
1 pakje suikervrije, vetvrije instant chocoladepuddingmix

❶ Zet een rooster in het midden van de oven en verwarm hem voor
tot 175 ˚C.

❷ Meng het ontbijtgraan en de chocoladesiroop in een grote kom
en bekleed er de bodem en de zijkanten van een taartvorm mee. Bak
de korst tien minuten, zet hem op een rooster en druk de korst goed
aan met een pollepel. Laat hem ongeveer 1 uur afkoelen.

❸ Doe de helft van de tofu, 2 eetlepels melkpoeder, 1 $1/4$ kopje melk,
en de muntessence in de kom van een keukenmachine en laat de
machine ongeveer 30 seconden draaien. Doe de vanillepuddingmix
erbij en laat hem nog eens 20 minuten draaien tot het mengsel dik
begint te worden. Schenk de vulling in de gebakken taartkorst. Maak
de kom van de keukenmachine schoon en droog hem goed af.

❹ Doe de rest van de tofu, melkpoeder en melk in de keukenmachine en laat hem ongeveer 30 seconden draaien. Spreid dit mengsel
voorzichtig boven op de vulling als tweede laag.

❺ Zet de taart in de koelkast om op te stijven, ongeveer 2 uur. De
taart kan 2 dagen bewaard blijven in de koelkast. Dien hem gekoeld op.

Vanille-sinaasappelparfaits

4 porties

1 pakje suikervrije sinaasappelgelatine (poeder)

1 kopje kokend water

1 kopje sinaasappelsap

$\frac{1}{2}$ pakje lichte tofu (ca 150 g)

1 $\frac{1}{4}$ kopjes magere melk

2 eetlepels magere melkpoeder

1 pakje suikervrije, vetvrije instant vanillepudding-mix

1 theelepel vanille-essence

2 blikjes (van 300 g elk) mandarijntjes op sap of water

VOEDINGSWAARDE	
Calorieën 200	
Proteïne 11 g	
Koolhydraten 38 g	
Totaal vet 1 g	
Verzadigd vet 0 g	
Cholesterol spoortje	
Vezels 1 g	
Suikers 6 g	
Natrium 465 mg	

Elke portie telt als 1 fruit, $\frac{1}{4}$ vetarm zuivelproduct en een te verwaarlozen hoeveelheid vegetarische proteïne.

❶ Doe de gelatine in een kom. Roer het kokende water erdoor tot de gelatine is opgelost.

❷ Roer het sap erbij en giet het mengsel in een vierkante bakvorm. Zet hem in de koelkast tot het is opgestijfd, ongeveer 4 uur.

❸ Doe in de tussentijd de tofu met de melk en melkpoeder in de keukenmachine en laat de machine ongeveer 30 seconden draaien. Voeg de puddingmix en de vanille toe en laat de machine draaien tot het mengsel dik begint te worden, ongeveer 20 seconden. Doe het mengsel in een grote kom en laat het 2 uur in de koelkast opstijven.

❹ Snijd de stijve gelatine in vierkante blokjes van 2 $\frac{1}{2}$ cm. Leg 8 blokjes op de bodem van 4 parfaitglazen of ijscoupes. Doe $\frac{1}{4}$ kopje pudding in elk glas en daarbovenop 3 eetlepels mandarijnpartjes. Maak nog een laag van de rest van de gelatineblokjes en pudding en dien de parfaits meteen op. Ze blijven 2 dagen goed in de koelkast.

Kersen-vanilleparfaits

Een recept dat snel klaar is en er net zo goed uitziet als het smaakt. Perfect voor gasten of familie. Deze parfaits zijn licht en toch vullend, zodat je er vanzelf niet te veel van neemt.

8 porties

1 pakje (ca 300 g) zachte tofu
3 kopjes vetvrije melk
$1/3$ kopje magere melkpoeder
1 theelepel vanille-essence
2 pakjes suikervrije, vetarme instant vanillepuddingmix
$1/2$ theelepel zout
1 blikje suikervrije kersentaartvulling

VOEDINGSWAARDE

Calorieën 139	
Proteïne 7 g	
Koolhydraten 26 g	
Totaal vet 1 g	
Verzadigd vet spoortje	
Cholesterol 2 mg	
Vezels spoortje	
Suikers 0 g	
Natrium 553 mg	

Elke portie telt als $1/2$ vetarm zuivelproduct en 1 fruit. Dit recept bevat een te verwaarlozen hoeveelheid vegetarische proteïne.

① Doe de tofu met de melk, de melkpoeder en de vanille in de keukenmachine en laat hem 30 seconden draaien om alles goed te mengen. Voeg de puddingmix toe en het zout en laat de machine nog eens 20 seconden draaien tot het mengsel een beetje dik is. Hevel het mengsel over naar een kom en zet hem 1 uur in de koelkast weg.

② Schep laagjes van de pudding en de kersentaartvulling om en om in 8 parfaitglazen of ijscoupes. Dek de glazen af met plastic folie en laat ze ten minste 1 uur in de koelkast koud worden. Ze blijven tot 2 dagen goed.

Mokka fudge pudding

Deze machtige en romige pudding voldoet niet alleen aan je behoefte aan chocolade, maar levert ook een aantal verdiensten op het gebied van de voedingswaarde, van de hoogwaardige eiwitten die in de tofu zitten, tot de calcium in de melk, die vet verbrandt en de botten aansterkt. Het lepeltje instant koffie versterkt de chocoladesmaak.

VOEDINGSWAARDE

Calorieën	157
Proteïne	14 g
Koolhydraten	23 g
Totaal vet	1 g
Verzadigd vet	0
Cholesterol	1 mg
Vezels	5 g
Suikers	0 g
Natrium	420 mg

Elke portie telt als ca ¼ vegetarische proteïne en ¼ vetarm zuivelproduct.

4 porties

½ pakje lichte tofu (ca 150 g)
2 kopjes magere melk
¼ kopje magere melkpoeder
1 eetlepel instant koffie
1 pakje suikervrije, vetvrije instant chocoladepuddingmix
Vers fruit, zoals kersen, aardbeien of frambozen (facultatief)

❶ Doe de tofu met de melk, de melkpoeder en de instant koffie in de keukenmachine en laat hem 30 seconden draaien tot alles romig is geworden. Doe de puddingmix erbij en laat de machine draaien tot het mengsel een beetje dik begint te worden, ca. 20 seconden.

❷ Doe de vulling in vier ramequins met een inhoud van 1 kopje (of gebruik andere puddingkommetjes) en laat hem ten minste 4 uur in de koelkast opstijven. De pudding kan van tevoren gemaakt worden en blijft goed afgedekt 3 dagen goed in de koelkast.

❸ Garneer de pudding eventueel met wat vers fruit.

Pompoencustard

Als je tijdens de vakantie een geslaagd toetje wilt maken voor je gezin, probeer deze custard dan eens. Je kunt hem van tevoren klaarmaken en hij is heerlijk aromatisch, met ahornsiroop en speculaaskruiden. Eén portie voorziet in meer dan de helft van de dagelijkse dosis vitamine A.

6 porties

1 $\frac{1}{2}$ kopje pompoenpuree uit blik
1 kopje magere gecondenseerde melk
$\frac{3}{4}$ kopje vloeibaar eisubstituut
$\frac{1}{2}$ kopje suikervrije ahornsiroop
Zoetstof in een gelijke hoeveelheid als $\frac{1}{4}$ kopje suiker
2 eetlepels magere melkpoeder
2 theelepels vanille-essence
1 theelepel speculaaskruiden

VOEDINGSWAARDE

Calorieën	107
Proteïne	6 g
Koolhydraten	15 g
Totaal vet	2 g
Verzadigd vet	1 g
Cholesterol	6 mg
Vezels	0 g
Suikers	0 g
Natrium	208 mg

Elke portie telt als ca $\frac{1}{4}$ zetmeelrijke koolhydraat en $\frac{1}{2}$ vetarm zuivelproduct. Het eisubstituut bevat een te verwaarlozen hoeveelheid proteïne.

❶ Zet een rooster in het midden van de oven en verwarm hem voor tot 175 ˚C.

❷ Klop alle ingrediënten in een kom tot een romig en glad mengsel. Verdeel het mengsel over 6 vuurvaste ramequins met elk een inhoud van 1 kopje.

❸ Zet de bakjes op een bakplaat en bak ze ongeveer 35 minuten in de oven. (De custards mogen in het midden nog een beetje zacht zijn.) Laat ze afkoelen op een rooster en dien ze pas na 15 minuten op. Deze custards kunnen afgedekt 2 dagen in de koelkast bewaard worden.

Bananen uit de oven

Dit is een fruitdessert dat zo simpel is om te maken omdat de oven het werk doet terwijl je eet. Houd er dus een gaatje voor over. De natuurlijke zoetheid van bananen geeft je de illusie dat je buiten het boekje treedt, maar het tegendeel is waar. Serveer de bananen als extra traktatie met suikervrij, vetvrij yoghurtijs.

4 porties

VOEDINGSWAARDE	
Calorieën 171	
Proteïne 1 g	
Koolhydraten 44 g	
Totaal vet 1 g	
Verzadigd vet spoortje	
Cholesterol 0 mg	
Vezels 3 g	
Suikers 0 g	
Natrium 176 mg	

Elke portie telt als 1 fruit.

4 stukjes aluminiumfolie van ca. 30 cm
4 grote rijpe bananen, in de lengte doorgesneden en vervolgens gehalveerd
$1/4$ kopje suikervrije abrikozenjam
1 theelepel vanille-essence
1 theelepel rumessence (facultatief)
$1/2$ theelepel kaneelpoeder
$1/2$ theelepel zout

❶ Zet een rooster in het midden van de oven en verwarm hem voor tot 250 °C.

❷ Leg de stukjes aluminiumfolie op het aanrecht, leg op elk stuk een in vieren gesneden banaan en leg er 1 eetlepel vruchtenjam op; besprenkel de bananen met de vanille en rum en de specerijen. Rol de folie op en knijp het dicht, zodat je mooie pakketjes krijgt. Leg ze op een bakplaat.

❸ Bak de pakketjes ongeveer 10 minuten, tot de bananen zacht zijn. Leg de pakketjes op 4 borden en laat ze verzegeld op kamertemperatuur 3 minuten afkoelen voordat je ze opdient. Help kinderen bij het openen van hun pakketje, want er kan hete stoom ontsnappen.

Gepocheerde peren

De peer bevat van alle vruchten de grootste
hoeveelheid vezels. Dat is belangrijk, want
vezels helpen bij het onder controle gehouden van je gewicht, ze stabiliseren het bloed-
suikerniveau en geven je een vol gevoel,
zodat je minder geneigd bent te veel te eten.
Met veel vezels in je dieet ben je een eind op
weg naar een fitter, gezonder lijf. Dit recept
stamt af van een bekend bistrogerecht, fris
gekruid met kruidnagel en kaneel.

VOEDINGSWAARDE	
Calorieën 175	
Proteïne spoortje	
Koolhydraten 44 g	
Totaal vet 0 g	
Verzadigd vet 0 g	
Cholesterol 0 mg	
Vezels 4 g	
Suikers 19 g	
Natrium 10 mg	

Elke portie telt als 2 x fruit.

4 porties

4 stevige peren, geschild en van het klokhuis ontdaan
1 blikje ongezoete witte druivensap, geconcentreerd
4 hele kruidnagels
1 kaneelstokje

❶ Meng alle ingrediënten in een grote pan, doe er zo veel water bij
dat de peren onder staan en breng alles op een middelhoog vuur aan
de kook. Dek de pan af met bakpapier of folie en zet er een bord of
deksel op om tegen te gaan dat de peren gaan drijven. Zet het vuur
laag en laat de peren sudderen tot ze gaar zijn, ongeveer een half uur.

❷ Haal de peren uit de pan met een schuimspaan en leg ze in een
grote kom. Zet het vuur weer op middelhoog en kook de siroop in tot
hij met $2/3$ verminderd is en een beetje dik is geworden, ongeveer 12
minuten. Verwijder de kruidnagels en het kaneelstokje. Schenk de
siroop over de peren en zet de kom ten minste 2 uur in de koelkast.

❸ Dien elke peer op met 2 eetlepels siroop. Goed afgedekt blijven de
peren en de siroop tot 3 dagen goed in de koelkast.

NB: Het schillen van peren is geen probleem, maar moet gedaan worden vlak voor je ze gaat koken, anders worden ze bruin. Het klokhuis
verwijderen kun je het best doen met een rond schepje waarmee je
meloenballetjes maakt. Draai het schepje vanaf het bloesemeind, de
bolle kant van de peer, voorzichtig rond tot alle pitjes verwijderd zijn.

Compote van zuidvruchten (Tuttifrutti)

Het vezelgehalte van gedroogde vruchten is bevorderlijk voor het afslanken, terwijl het eveneens het risico verlaagt op talrijke levensbedreigende ziektes. Ik weet dat ik blijf hameren op de waarde van vezels, maar het is belangrijk voor een optimale gezondheid. Garneer elke portie eventueel met suikervrije, magere vanilleyoghurt.

VOEDINGSWAARDE

Calorieën 154	
Proteïne 1 g	
Koolhydraten 38 g	
Totaal vet spoortje	
Verzadigd vet 0 g	
Cholesterol 0 mg	
Vezels 3 g	
Suikers 5 g	
Natrium 12 mg	

Elke portie telt als 1 fruit.

6 porties

10 gedroogde abrikozenhelften
5 pitloze pruimen
5 gedroogde appelringen, in vieren gesneden
3 gedroogde perzikhelften, grof gesneden
2 gedroogde vijgen, van steeltje ontdaan en gehalveerd
3 kopjes ongezoet appelsap
$^{1}/_{4}$ kopje rozijnen
4 hele kruidnagels
1 kaneelstokje
Schil van 1 citroen

❶ Doe alle ingrediënten in een pan en breng alles aan de kook. Zet het deksel op de pan, draai het vuur laag en laat de vruchten zachtjes sudderen tot ze zacht zijn, ongeveer een half uur. Neem de pan van het vuur en laat het mengsel staan tot het is afgekoeld tot kamertemperatuur, ongeveer 1 uur.

❷ Doe het vruchtenmengsel en eventuele siroop in een kom. Dek hem goed af en zet hem in de koelkast (tot 1 week). Verwijder voor het serveren de kruidnagels en het kaneelstokje.

Aardbeien Sundae

Wie houdt er nou niet van een ouderwetse Sundae als toetje? Probeer deze lichte versie eens, met aardbeien, rijk aan vitamine C en ingevroren yoghurt, waarover je je niet schuldig hoeft te voelen. Dit recept kun je gemakkelijk verdubbelen of verdriedubbelen voor een feestje of speciale gelegenheid.

VOEDINGSWAARDE

Calorieën 157	
Proteïne 4 g	
Koolhydraten 29 g	
Totaal vet 4 g	
Verzadigd vet 1 g	
Cholesterol 10 mg	
Vezels 4 g	
Suikers 3 g	
Natrium 206 mg	

Elke portie telt als 1 fruit en 1 vetarm zuivelproduct.

4 porties

4 bakjes aardbeien (ongeveer 750 g), van hun kroontje ontdaan en in vieren gesneden
$1/_3$ blikje ongezoet, geconcentreerde witte druivensap, uit de diepvries, ontdooid
1 eetlepel versgeperst citroensap
Zoetstof gelijk aan 1 eetlepel suiker
$1/_4$ theelepel zout
$1/_2$ liter suikervrije, magere vanilleyoghurt, ingevroren

❶ Doe de aardbeien, het druivensap, de zoetstof en het zout in een pan op hoog vuur. Breng alles aan de kook en zet het vuur dan laag. Laat de aardbeien zonder deksel zachtjes koken tot het mengsel lijkt op dunne jam, ongeveer 15 minuten. Doe het mengsel in een kom en laat het afkoelen tot kamertemperatuur, ongeveer 1 uur. Dek het af en bewaar het tot 1 week in de koelkast.

❷ Doe een $1/_2$ kopje bevroren yoghurt in elk schaaltje en lepel er $1/_4$ van het aardbeienmengsel over (iets minder dan 1 kopje).

Kersen-limoen gelatinepudding

Dit fruitdessert, gebaseerd op een oude favoriet, kan van tevoren worden gemaakt, zodat het klaar is als jij er klaar voor bent – heel geschikt voor van die hectische dagen waarop je weinig tijd hebt om een maaltijd te bereiden. Dit recept kan gemakkelijk verdubbeld worden, maar zorg er dan wel voor dat de puddingvorm ook tweemaal zo groot is!

VOEDINGSWAARDE

Calorieën	138
Proteïne	4 g
Koolhydraten	30 g
Totaal vet	1 g
Verzadigd vet	0 g
Cholesterol	1 g
Vezels	1 g
Suikers	0 g
Natrium	76 mg

Elke portie telt als 1 fruit. Dit recept bevat ook een te verwaarlozen hoeveelheid vetarme zuivel.

4 porties

1 pakje suikervrije limoengelatine (ca 8 g) (als deze niet te krijgen is neem dan naturel gelatinepoeder en knijp een halve limoen uit in het water waarin je het oplost)
1 kopje kokend water
1 kopje suikervrije 'lemon-lime' frisdrank
1 $\frac{1}{2}$ kopje ongezoete ontpitte kersen uit blik
$\frac{1}{2}$ kopje suikervrije, magere yoghurt (met kersen, als die te krijgen is)
2 theelepel versgeraspte limoenschil

❶ Doe de gelatinepoeder in een kom, giet het kokende water eroverheen en roer alles goed tot de gelatine is opgelost. Roer de frisdrank erdoor en zet het mengsel 1 uur in de koelkast, tot het dik begint te worden.

❷ Roer de kersen erdoor, schenk het mengsel in een puddingvorm en zet het in de koelkast tot het stijf is, ongeveer 2 uur.

❸ Dien elke portie op met 2 eetlepels kersenyoghurt en $\frac{1}{2}$ theelepel limoenrasp.

Feestdagen en speciale gelegenheden

Nu gaan we het hebben over feestdagen, party's en andere speciale gelegenheden – van die tijden dat je gezellig eet en drinkt en in de verleiding komt om van je dieet af te wijken en de neiging hebt om alle regels aan je laars te lappen. Het is een feit dat mensen tijdens de feestdagen aankomen. In dat feit ligt zowel goed als slecht nieuws besloten. Eerste het goede nieuws: uit een recent onderzoek gedaan door de National Institutes of Health in de Verenigde Staten is gebleken dat mensen over het algemeen slechts iets meer dan 1 pond aankomen tussen Thanksgiving en nieuwjaar. Dus kom je waarschijnlijk minder aan tijdens de feestdagen dan je denkt. Het slechte nieuws: volgens hetzelfde onderzoek raak je het extra gewicht niet kwijt in het jaar dat volgt als je geen maatregelen neemt, maar accumuleert het met de tijd en kan het in belangrijke mate bijdragen tot zwaarlijvigheid.

Het kan een uitdaging zijn om je aan je dieet te houden tijdens feestdagen, tenzij je een strategie hebt bedacht om met de omstandigheden om te gaan. Wat je kunt veranderen is de manier waarop je de maaltijden in die periode klaarmaakt. Dat kan door eenvoudig de recepten aan te passen en vetarme of suikervrije substituten te gebruiken voor ingrediënten waarvan je anders zou aankomen. Dit hoofdstuk kan je daarbij helpen. Je zult er heerlijke manieren vinden om een aantal spectaculaire gerechten te maken, die het je makkelijker maken om door deze verleidelijke tijden heen te komen en, wat nog belangrijker is, waarmee je de tradities en gelegenheden kunt vieren met de dierbaren in je leven.

Tofu dip met kerrie

Op een feestje of als tussendoortje is deze dip even voedzaam als smaakvol. Serveer er rauwe stukjes groenten bij of driehoekjes volkoren pitabrood.

8 porties

1 pakje lichte tofu, in blokjes gesneden
$^1/_2$ kopje magere zure room of naturel yoghurt
2 eetlepels geconcentreerd appelsap of ananassap
1 eetlepel kerriepoeder
1 theelepel versgeperst citroensap
$^1/_2$ theelepel zout

VOEDINGSWAARDE	
Calorieën 37	
Proteïne 4 g	
Koolhydraten 4 g	
Totaal vet 1 g	
Verzadigd vet spoortje	
Cholesterol 1 mg	
Vezels spoortje	
Suikers 1 g	
Natrium 197 mg	

Elke portie telt als een heel kleine portie (ongeveer $^1/_8$ste) vegetarische proteïne.

❶ Doe alle ingrediënten in een keukenmachine en laat hem ongeveer 1 minuut draaien, tot het een romig mengsel is geworden.

❷ Lepel het mengsel in een kom en dien het meteen op of dek het af en zet het tot 3 dagen in de koelkast (laat het in dat geval op kamertemperatuur komen voordat je het serveert).

Kalkoenborst met sinaasappelglazuur

Als je een feestelijke maaltijd wilt opdienen zonder het traditionele vet- en caloriegehalte maar met de traditionele bijgerechten, dan ben je hier aan het goede adres. Deze geroosterde kalkoenborst, voorzien van een rijk smakend korstje, is een volmaakt hoofdgerecht als je je streefgewicht in het oog wilt blijven houden.

10 porties

VOEDINGSWAARDE	
Calorieën 167	
Proteïne 29 g	
Koolhydraten 10 g	
Totaal vet 5 g	
Verzadigd vet spoortje	
Cholesterol 48 mg	
Vezels 0 g	
Suikers 0 g	
Natrium 147 mg	

Elke portie telt als 1 proteïne.

$\frac{1}{2}$ kopje zoutloze, vetvrije kippenbouillon, plus zo
nodig iets meer
$\frac{1}{2}$ kopje suikervrije sinaasappelmarmelade
1 eetlepel dijonmosterd
1 eetlepel natriumarme sojasaus
anti-aanbakspray
1500 g kalkoenborst, zonder vel en botten, opgerold en opgebonden

❶ Zet een rooster in het midden van de oven en verwarm hem voor tot 160 °C. Klop de bouillon, marmelade, mosterd en sojasaus met een garde in een steelpan op middelhoog vuur door elkaar. Breng het mengsel aan de kook, neem het meteen van het vuur en zet het apart.

❷ Spuit een koekenpan in met anti-aanbakspray en zet hem op een middelhoog vuur. Bak de kalkoen in ongeveer 5 minuten rondom bruin. Leg de kalkoen met de saus in een braadpan waar hij net in past. Schenk het warme bouillonmengsel over het vlees en dek de pan af met aluminiumfolie.

❸ Rooster het vlees 1 uur. Verwijder de folie en laat het vlees nog een half uur roosteren, terwijl je het om de 5 minuten bedruipt met het vocht dat eruit is gelopen. Laat het vlees 5 minuten op kamertemperatuur staan alvorens het aan te snijden. Ontvet eventueel het braadvocht en serveer het er apart bij.

Sausage dressing

Deze dressing wordt apart opgediend bij een braadstuk. Dit recept, met een gereduceerde hoeveelheid verzadigd vet en calorieën is een nieuwe versie van dit traditionele bijgerecht. Ook tijdens de feestdagen kun je gezond eten.

VOEDINGSWAARDE	
Calorieën 142	
Proteïne 13 g	
Koolhydraten 12 g	
Totaal vet 5 g	
Verzadigd vet spoortje	
Cholesterol 40 mg	
Vezels 2 g	
Suikers 0 g	
Natrium 755 mg	

Elke portie telt als 1 zetmeel-arme groente, $\frac{1}{2}$ zetmeelrijke koolhydraat en gedeeltelijke portie proteïne (56 g).

8 porties

anti-aanbakspray
500 g magere kalkoenworstjes, velletjes verwijderd
1 middelgrote ui, fijngehakt
1 groene paprika, gehakt
1 teen knoflook, fijngehakt
3 stengels selderij, dungesneden
3 $\frac{1}{2}$ kopje dungesneden champignons
4 oude volkoren boterhammen
$\frac{3}{4}$ kopje ongezouten, vetvrije kippenbouillon
$\frac{1}{4}$ kopje vloeibaar eisubstituut
2 theelepels verkruimelde salieblaadjes
2 theelepels gedroogde tijm
1 theelepel zout, of minder naar smaak
$\frac{1}{2}$ theelepel versgemalen zwarte peper

❶ Verwarm de oven voor tot 160 °C.

❷ Spuit een grote koekenpan in met anti-aanbakspray en zet hem op een middelhoog vuur. Verkruimel de worstjes en bak het vlees al roerend tot het bruin is, ongeveer 3 minuten. Doe het vlees en eventueel uitgebakken vocht in een vergiet en laat het uitlekken.

❸ Zet de pan weer op middelhoog vuur, doe de ui, de paprika en knoflook erin en bak ze al roerend tot de groenten zacht zijn geworden, ongeveer 2 minuten. Voeg de selderij toe en bak die nog 1 minuut mee. Doe de champignons erbij en bak ze mee tot het vocht eruit loopt en het ingedampt is, tot de pan bijna droog is, ongeveer 5 minuten. Hevel het mengsel over naar een kom en roer het uitgelekte worstvlees erdoor.

❹ Breek het brood in brokjes van ongeveer 1 cm en roer ze door het mengsel in de kom. Voeg de bouillon en het eisubstituut toe en strooi de kruiden erbij.

❺ Spuit een ovenschaal in met anti-aanbakspray en doe de dressing erin.

❻ Bak de dressing in ongeveer 40 minuten goudbruin. Laat de dressing voor het serveren 5 minuten afkoelen.

NB: Als je de dressing iets zoeter wilt maken, roer er dan ook nog $\frac{1}{3}$ kopje rozijnen door en 1 grof gehakte zure appel.

Aardappelpuree met rozemarijn

Dit troostrijke eten wordt een gezond bijgerecht door toevoeging van vetvrije zure room
of vetvrije gecondenseerde melk. De rozemarijn geeft deze puree zo'n aromatische
smaak dat je de jus beslist niet zult missen.

8 porties

²/₃ kopje zoutloze, vetvrije kippen- of groentebouillon

2 eetlepels verse rozemarijn, fijngehakt

6 grote vastkokende aardappelen, geschild en in blokjes van 2 ¹/₂ cm gesneden

¹/₃ kopje vetvrije zure room, op kamertemperatuur, of ¹/₃ kopje vetvrije gecondenseerde melk

2 theelepel dijonmosterd

¹/₂ theelepel zout

Zoete paprikapoeder of versgemalen zwarte peper naar smaak

VOEDINGSWAARDE

Calorieën 103	
Proteïne 2 g	
Koolhydraten 23 g	
Totaal vet spoortje	
Verzadigd vet spoortje	
Cholesterol spoortje	
Vezels 2 g	
Suikers 1 g	
Natrium 173 mg	

Elke portie telt als 1 zetmeelrijke koolhydraat.

❶ Doe de bouillon met de rozemarijn in een steelpan. Breng het mengsel op hoog vuur aan de kook, zet het deksel op de pan en neem de pan van het vuur. Zet hem apart.

❷ Doe de aardappelen in een andere pan en zet ze op in koud water. Zet het vuur laag als ze koken en laat de aardappelen in ongeveer 15 minuten gaarkoken. Laat ze uitlekken.

❸ Doe de aardappelen in een kom of schaal en stamp ze met een aardappelstamper of elektrische mixer fijn. Klop de rozemarijn met de bouillon erdoor en dan de zure room of melk, de mosterd en het zout. Dien de puree op met een strooisel van paprika of zwarte peper.

Geroosterde groenten

Roosteren brengt in deze voedzame groenten het beste naar boven. Omdat iedereen ervan houdt, zijn ze een perfect bijgerecht voor een feestmaaltijd. Zet een grote schaal met geroosterde groenten op tafel zodat je gasten zich tegoed kunnen doen.

8 porties

1 grote koolraap, geschild en in blikjes van 2 $\frac{1}{2}$ cm gesneden
1 grote meiraap, geschild en in blokjes van 2 $\frac{1}{2}$ cm gesneden
2 kopjes ronde Parijse worteltjes
2 kopjes kleine spruitjes
2 eetlepels olijfolie
1 theelepel zout
$\frac{1}{2}$ theelepel versgemalen zwarte peper
3 eetlepels suikervrije ahornsiroop

VOEDINGSWAARDE	
Calorieën 98	
Proteïne 3 g	
Koolhydraten 15 g	
Totaal vet 4 g	
Verzadigd vet 5 g	
Cholesterol 0 mg	
Vezels 4 g	
Suikers 1 g	
Natrium 373 mg	

Elke portie telt als 1 zetmeel-arme groente.

❶ Verwarm de oven voor tot 200 ˚C.

❷ Doe de groenten in een grote schaal en wentel ze in de olijfolie, het zout en de peper. Leg ze in een ovenschaal met alle olie er zorgvuldig overheen geschonken.

❸ Rooster de groenten tot ze goudbruin en gaar zijn, ongeveer 1 uur en 10 minuten. Draai ze af en toe om.

❹ Giet de ahornsiroop in de ovenschaal en wentel de groenten erdoorheen. Doe alles over in een dienschaal en druppel alle uitgelekte sappen erbij.

NB: Kerf een kruisje in elk spruitje aan de kant van het steeltje, zodat ze gelijkmatig gaar worden. Voor een zoetzure saus kun je 1 eetlepel ciderazijn aan de olie toevoegen.

Garnalen-artisjokhapjes

Deze fantasierijke en innovatieve voorafjes zijn heel gemakkelijk te bereiden voor een feestje en kunnen van tevoren klaargemaakt worden zodat je je op het laatste moment niet hoeft uit te sloven. Het recept kan worden verdubbeld of verdriedubbeld voor een menigte.

VOEDINGSWAARDE

Calorieën 69	
Proteïne 6 g	
Koolhydraten 9 g	
Totaal vet spoortje	
Verzadigd vet 0 g	
Cholesterol 18 mg	
Vezels 3 g	
Suikers 0 g	
Natrium 288 mg	

Elke portie telt als 1 zetmeel-arme groente. Dit recept bevat ook een te verwaar-lozen hoeveelheid proteïne.

6 porties

1 $1/4$ theelepel wasabipuree (Japanse mierikswortel)

12 artisjokkenbodems uit blik op water, uitgelekt en afgespoeld

12 middelgrote schoongemaakte en gekookte cocktailgarnalen

Twaalf repen nori (gedroogde Japanse zeewier), in repen van 20 x 1 $1/2$ cm

3 theelepels rijstazijn of witte wijnazijn

❶ Smeer een $1/4$ theelepeltje wasabi op elke artisjokkenbodem en leg er een garnaal bovenop.

❷ Maak een eind van een norireepje nat en wikkel het om de artisjok met de garnaal en druk de uiteinden samen zodat de garnaal op zijn plaats gehouden wordt door de nori. Sprenkel $1/4$ theelepel azijn over elke artisjok. Dien de hapjes meteen op.

NB: Gebruik de platte bodems van de artisjokken, niet de harten.

De ongebruikelijke ingrediënten in dit recept, zoals wasabi, nori en rijstazijn zijn verkrijgbaar bij de meeste Chinese winkels of toko's.

Paaslam met muntpesto

Het is een slimme zet om lamsvlees te eten
als bron van magere proteïne, want het zit
boordevol vitamine B, ijzer en zink, en heeft
een verrassend laag caloriegehalte. In dit
recept wordt het lamsvlees ingesmeerd met
een speciale kruidenpasta die de fijne smaak
van het vlees accentueert: een volmaakte
paas- of feestmaaltijd voor familie of gasten.

VOEDINGSWAARDE

Calorieën 259	
Proteïne 36 g	
Koolhydraten 2 g	
Totaal vet 11 g	
Verzadigd vet 4 g	
Cholesterol 110 mg	
Vezels 0,5 g	
Suikers 0 g	
Natrium 382 mg	

Elke portie telt als 1 proteïne.

8 porties

2 tenen knoflook, in vier stukjes gesneden
1 kopje verse muntblaadjes
1 kopje verse basilicumblaadjes
$\frac{1}{2}$ kopje water
3 eetlepels amandelschaafsel
2 theelepels geraspte citroenschil
1 theelepel zout
$\frac{1}{2}$ theelepel versgemalen zwarte peper
1 lamsbout van ca 1500 g, zonder bot en opengevouwen
(slagers)touw

❶ Zet een rooster in het midden van de oven en verwarm hem voor
tot 175 ˚C.

❷ Doe alle ingrediënten, behalve het lamsvlees, in de keukenmachine en hak ze zo fijn mogelijk.

❸ Leg het opengevouwen vlees met de binnenkant naar boven op
een snijplank of schaal en wrijf het in met de kruidenpesto. Rol de
bout op en bind hem op drie of vier plaatsen goed vast met touw, vooral aan de uiteinden.

❹ Leg het vlees in een ondiepe ovenschaal of braadslee en rooster
het tot een vleesthermometer een temperatuur aangeeft van 140 ˚C
(rood) of 155 ˚C (medium). Neem het braadstuk uit de oven, leg er een
tent van aluminiumfolie overheen en laat het 5 minuten op kamertemperatuur staan. Knip het touw door en snijd het vlees in plakken.

NB: Laat eventueel de slager het vlees uitbenen en mooi plat snijden, zodat het gevuld en opgebonden kan worden. Gebruik geen gekleurd touw, want dat kan kleurstoffen bevatten die niet voor consumptie geschikt zijn.

Het vlees kan ook, ingesmeerd met zout, peper en citroensap, gegrild worden. Serveer de pesto er dan apart bij.

Gestoomde red snapper

Deze smaakvolle red snapper is een indruk-
wekkend gerecht als je het serveert als hoofdgerecht van een feestmaaltijd. Een keer per
week vis eten is erg gezond, want het verlaagt de bloeddruk en het triglyceride- en
cholesterolgehalte, dat het risico op hartaan-
doeningen verkleint.

4 porties

1 hele red snapper (ca 1750 g), maak aan beide
kanten drie inkervingen in het vel
$1/_2$ kopje verse korianderblaadjes
3 bosuitjes, in stukjes van 5 cm gesneden
$1/_4$ verse gember, geschild en fijngehakt
2 eetlepels natriumarme sojasaus
1 eetlepel rijstazijn of witte wijnazijn
1 theelepel sesamolie

VOEDINGSWAARDE	
Calorieën 293	
Proteïne 61 g	
Koolhydraten 3 g	
Totaal vet 4 g	
Verzadigd vet spoortje	
Cholesterol 168 mg	
Vezels 1 g	
Suikers 1 g	
Natrium 594 mg	

Elke portie telt als 1 proteïne.

❶ Doe 2 $1/_2$ cm water in een grote braadpan. Verwijder de bodem en
bovenkant van twee schoongemaakte tonijnblikjes, zodat je een ring
overhoudt. Als alternatief kun je een grote aardappel in drie ronde
stukken van 5 cm dikte snijden en die in de braadpan leggen.

❷ Leg de vis op een vuurvast bord dat in de braadpan past. De kop
mag er eventueel een beetje overheen hangen, maar de staart kun je
bijsnijden zodat hij op het bord past. Stop de korianderblaadjes in de
buikholte van de vis en strooi de gember en de bosuitjes over de vis.
Zet het bord op de blikjes of aardappelstukjes in de braadpan.

❸ Zet de pan op een middelhoog vuur en breng het water aan de
kook. Zet het vuur laag, dek de pan af en stoom de vis gaar in ongeveer
10 minuten. Neem de pan van het vuur en laat hem onafgedekt 5
minuten staan.

❹ Gebruik ovenwanten om het bord uit de pan te tillen. Laat het
kookvocht uitlekken en besprenkel de vis met de sojasaus, azijn en
sesamolie en nog een handje korianderblaadjes.

NB: Er zijn twee regels voor het kopen van verse vis. Ruik er allereerst aan: vis moet een frisse, schone geur hebben. Ten tweede: kijk naar de ogen. Die moeten helder zijn en niet troebel. Bloedvlekjes zijn niet erg, zolang ze helderrood zijn en niet donker en gestold.

Je kunt de vis het beste opdienen op het bord waarop hij gestoomd is. Fileer hem door eerst langs de ruggengraat te snijden en vervolgens dwars naar beneden, maar snijd niet door de ruggengraat heen. Verwijder de vinnen en de kop en snijd dan de onderste filet in moten.

Broccolisoufflé

Hoewel deze smaakvolle en voedzame soufflé een mooie verschijning kan zijn bij een
etentje, is hij ook geschikt voor een feestelijke brunch of lunch, of als bijgerecht voor een
van de hoofdgerechten uit dit boek.

4 porties

anti-aanbakspray
2 grote eierdooiers
250 g broccoli, in roosjes gesneden (eventueel uit
de diepvries, ontdooid)
1 theelepel zout
$^1/_2$ theelepel versgemalen zwarte peper
$^1/_4$ versgeraspte nootmuskaat
2 kopjes magere melk
2 eetlepels volkorenmeel
4 grote eiwitten

VOEDINGSWAARDE

Calorieën 125	
Proteïne 12 g	
Koolhydraten 13 g	
Totaal vet 3 g	
Verzadigd vet 1 g	
Cholesterol 114 mg	
Vezels 1 g	
Suikers 0 g	
Natrium 482 mg	

Elke portie telt als 1 zetmeelarme groente en $^1/_2$ vetarm
zuivelproduct. Elke portie telt
ook als 1 ei, let daar dus op
als je per week een bepaald
ei-quotum aanhoudt.

❶ Zet een rooster in het midden van de oven en verwarm hem voor
tot 190 °C. Spuit een souffléschaal met een inhoud van 8 kopjes in
met anti-aanbakspray en zet hem apart. Doe de eierdooiers in een kom
en klop ze los.

❷ Doe de broccoli in een keukenmachine en maal de roosjes fijn.
Breng de broccoli op smaak met het zout, de peper en de nootmuskaat
en zet hem apart.

❸ Breng in een steelpan 1 $^1/_2$ kopje melk op middelhoog vuur aan de
kook. Klop de resterende melk en het volkorenmeel samen tot een
glad papje. Roer het meel bij de hete melk en blijf kloppen met een
garde terwijl het mengsel zachtjes borrelt en dik wordt, ongeveer 20
seconden.

❹ Klop de helft van het hete melkmengsel door de dooiers en
schenk het dan weer bij de rest in de pan op het vuur. Laat alles 10
seconden doorwarmen. Neem de pan dan onmiddellijk van het vuur
en roer de broccoli erdoor. Hevel het mengsel over naar een schaal en
zet het 5 minuten apart.

5 Klop de eiwitten met een elektrische mixer tot ze stijf zijn.

6 Roer met een pollepel of rubberen spatel de helft van de stijve eiwitten door het broccolimengsel. Vouw dan voozichtig en gelijkmatig de rest van het eiwit voorzichtig door het mengsel. Ga niet te lang door, want dan zakken de eiwitten in. Hevel het mengsel voorzichtig over naar de souffléschaal.

7 Bak de soufflé in ongeveer 45 minuten lichtbruin en luchtig. Dien hem meteen op.

Feestelijke vruchtenpunch

Deze koele, verfrissende punch is perfect
voor zomerse feestjes. Hij dient als een
gezonde vervanging voor alcohol, die het je
lichaam moeilijk maakt om vet efficiënt af te
breken en vermeden moet worden als je pro-
beert af te vallen.

16 porties

4 kopjes ongezoet witte druivensap
1 blikje ongezoet geconcentreerd ananassap
(eventueel uit de diepvries, ontdooid)
1 blikje ongezoet geconcentreerd sinaasappelsap (eventueel uit de diepvries,
ontdooid)
2 flessen suikervrije frambozenfrisdrank

VOEDINGSWAARDE

Calorieën	130
Porteïne	1 g
Koolhydraten	32 g
Totaal vet	0 g
Verzadigd vet	0 g
Cholesterol	0 mg
Vezels	0,5 g
Suikers	0 g
Natrium	7 mg

Elke portie telt als 1 ¼ fruit.

❶ Vul een bakje voor ijsklontjes met het druivensap en vries het ten
minste 4 uur in (of de hele nacht).

❷ Meng de geconcentreerde sappen en de frisdrank in een grote
schaal of kom. Doe er de ijsblokjes bij en dien de punch meteen op.

NB: Als je het druivensap eerst goed koelt, krijg je heldere ijsblokjes
die minder gauw breken. Als extra garnering kun je verse frambozen
in elk ijsblokvakje stoppen alvorens het druivensap erin te doen. Dan
heeft elk ijsblokje een juweeltje in het midden.

Warme cider

Een typisch winterdrankje voor rond het haardvuur of bij de kachel is deze warme cider gearomatiseerd met kruidnagel, kaneel en nootmuskaat. Voor een huis vol gasten kun je het recept verdubbelen of verdriedubbelen.

4 porties

2 sinaasappelen
1 eetlepel hele kruidnagels
1 liter ongezoet appelsap
2 kaneelstokjes
$\frac{1}{2}$ theelepel rumessence (facultatief)
Versgeraspte nootmuskaat

VOEDINGSWAARDE	
Calorieën 148	
Proteïne 0,5 g	
Koolhydraten 35 g	
Totaal vet spoortje	
Verzadigd vet 0 g	
Cholesterol 0 g	
Vezels 2 g	
Suikers spoortje	
Natrium 7 mg	

Elke portie telt als 1 fruit.

❶ Steek de kruidnagels in de sinaasappels en snijd ze dan in vieren. Doe de sinaasappels, het appelsap, de kaneelstokjes en eventueel de rumessence in een grote pan en zet hem op een middelhoog vuur. Laat alles aan de kook komen, zet het vuur dan laag en laat alles 10 minuten zachtjes pruttelen.

❷ Verwijder de sinaasappelparten met kruidnagel en de kaneelstokjes en schenk de cider in mokken. Rasp er tot slot een beetje nootmuskaat over.

Aromatische thee

In je eigen keuken kun je leuke cadeautjes maken. Bijvoorbeeld dit recept voor thee gearomatiseerd met specerijen. Het kan in grote hoeveelheden tegelijk worden samengesteld en in mooie zakjes of potjes verpakt worden voor familie en vrienden.

500 g losse thee, zoals Prince of Wales, Oolong, Ceylon, Darjeeling, English Breakfast
1 eetlepel kruidnagels

2 eetlepels gedroogde sinaasappelschilletjes
10 kardemomdopjes
3 kaneelstokjes, verkruimeld

Meng alle ingrediënten in een grote kom en doe de thee in blikken of potten om hem te bewaren. Verpak er kleine hoeveelheden van om weg te geven.

Provençaalse azijn

Een feestelijke, aromatische azijn als aanvulling van een feestmaaltijd, die over de salade of geroosterde groenten of zelfs over geroosterd vlees gegoten kan worden. Maak deze azijn een paar maanden voor het feestseizoen en doe hem eventueel in mooie flesjes om weg te geven. Een goede azijn als basis is wel een vereiste.

Per fles
1 hele citroen
4 takjes tijm
4 pimentbesjes
2 takjes rozemarijn
2 laurierblaadjes
3 tenen knoflook
Witte of rode wijnazijn om de fles mee op te vullen

❶ Verwijder de schil van de citroen met een dunschiller en snijd hem in reepjes. (De overgebleven citroen kun je voor een ander doel gebruiken.)

❷ Doe de kruiden, knoflook en schil in een weckfles of decoratieve fles en vul hem op met azijn tot ongeveer 1 cm van de opening. Sluit de flessen goed af en bewaar ze op een koele, droge plek minstens 2 weken en hoogstens 6 maanden.

Epiloog

Ik heb mij met dit kookboek ingezet om nieuwe en betere manieren te vinden om eten te bereiden, zodat je je gewicht op peil kunt brengen en handhaven. Als je het boek hebt doorgenomen en de recepten en kooktechnieken hebt toegepast, ben je in het bezit van een waardevol hulpmiddel om iets positiefs te doen voor je gezondheid. Maak je deze hulpmiddelen en technieken eigen. Maak ze een vast onderdeel van de manier waarop je kookt voor jezelf en je gezin en bouw je gezondheid opnieuw op.

Houd voor ogen dat je op weg bent naar het veranderen en opnieuw programmeren van je leven door middel van een strategie waarmee je kunt bereiken in het leven wat je wilt. Wanneer je heel geleidelijk aanpassingen gaat aanbrengen in hoe je eet en kookt, zal je gewicht veranderen en kun je jezelf beschermen tegen problemen met je gezondheid.

Je kunt beginnen met het maken van onze recepten, die je kunt aanpassen en waaraan je zelf nieuwe kunt toevoegen. Experimenteer en wees creatief. Geniet, want gezond eten betekent niet dat je niet van eten kunt genieten. Hoe meer nieuwe dingen je uitprobeert, hoe groter de voldoening en het succes zijn. Des te groter is de ervaring je weer gezond te voelen, een ervaring waar het al een poosje aan heeft geschort.

Elke keer wanneer je een verstandige keus maakt, elke keer wanneer je recepten bereidt die een grote voedingswaarde hebben, elke keer wanneer je besluit gezond en vitaal te leven, zul je sterker worden en zijn de volgende slimme zet en gezonde beslissing des te gemakkelijker. Jij ervaart zelf het grootste voordeel van deze positieve verandering en het leven dat je tot dusver hebt geleid zal er ten gunste door veranderen.

Zet jezelf centraal in de poging om verandering aan te brengen en de zeven sleutels te gebruiken. Zo vergroot je de kans op een beter leven en word je de fitte, gezonde persoon die je behoort te zijn. Houd het vol en zet je beste beentje voor. Je verdient het.

Maten en gewichten

Kopjes en lepels zijn verkrijgbaar bij elke winkel die keukenbenodigdheden verkoopt en bij sommige grote supermarkten.

Inhoudsmaten van kopjes en lepels

4 $^1/_3$ kopje = 1 liter
4 kopjes = 1 liter min 1 deciliter (0.946 l)
2 kopjes (plus 2 $^1/_2$ eetlepel) = $^1/_2$ liter
2 kopjes = $^1/_2$ liter min 1 $^1/_{2\ eetlepels}$ (0.473 l)
1 kopje (plus 1 $^1/_4$ eetlepel) = $^1/_4$ liter
$^1/_3$ kopje (plus 1 eetlepel) = 1 deciliter
$^1/_3$ kopje = 1 deciliter min 1 $^1/_3$ eetl (0.079 l)
3 $^1/_3$ eetlepel = $^1/_2$ deciliter (50 ml)
1 eetlepel = 15 ml/15 g
2 eetlepels = 10 ml/10 g
1 theelepel = 5 ml/5 g

Register